fussball
training

Ideen, Konzepte und Know-how für die Praxis

In Kooperation
mit dem
Deutschen
Fußball-Bund

praxisplaner, Band 1

D1730128

Ihr Zugangscode zum
ft-Praxisplaner:
A-uznNi3W

Vorwort

B- und A-Junioren erwarten im Training Spaß und Lernerfolge!

B- und A-Jugendliche garantieren als Nachrücker in die Seniorenmannschaften die mittelfristige Zukunft einer Abteilung.

Umso wichtiger ist es, dass Vereine gerade für diese Kerngruppe attraktiv sind.

Dabei haben Jugendliche in diesem Alter eine genaue Vorstellung davon, was sie in einem Fußballclub erwarten: eine positive Atmosphäre im Team mit sozialen Kontakten, Kommunikation und 'Spaß', ein attraktives Vereinsumfeld und nicht zuletzt ein kompetenter, engagierter und vorbildlicher Trainer sind wichtige Qualitätsmerkmale eines zukunftsorientierten Vereins.

Wichtigstes Motiv für B- und A-Jugendspieler ist jedoch die Freude am Fußballspielen bei Training und Spiel. Wenn die Spieler merken, dass ein variantenreiches Training fernab 'traditioneller' Standardabläufe viel Spaß macht und sie zudem persönlich und als Team fußballerisch weiterbringt, dann sind sie dauerhaft begeistert und motiviert.

Damit ist gleichzeitig ein zentrales Aufgabenfeld jedes B- und A-Juniorentrainers skizziert. Er muss jede einzelne Trainingseinheit sorgfältig vorbereiten, denn nur ein Training 'aus dem Bauch heraus' mit Hilfe einer gewissen Routine kann die berechtigten Bedürfnisse der Jugendlichen mit Sicherheit nicht erfüllen.

Basis und Orientierungspunkt dieser Planung ist dabei ein realistisches Trainingskonzept, das auf die jeweilige B- und A-Junioren-Spielklasse, das fußballerische Können und die Trainingsumfänge der jeweiligen Mannschaft abgestimmt ist.

Patentlösungen für so ein Trainingskonzept, für die Planung einer Trainingseinheit oder sogar längerer Saisonabschnitte suchen Sie, liebe Juniorentrainer, in dieser Broschüre vergeblich! Der Grund: Es gibt sie nicht!

Sie bekommen aber als B- und A-Juniorentrainer ein effizientes Instrument an die Hand, das bei der individuellen, schnellen, praxisorientierten und systematischen Trainingsplanung hilft. Denn Sie können mit Hilfe von Inhaltsbausteinen variantenreiche, motivierende und immer neue Trainingsprogramme zusammenpuzzeln, die mit Sicherheit alle wichtigen Schwerpunkte in diesen Altersklassen berücksichtigen. Der *fußballtraining-praxisplaner* erleichtert die Trainingsvorbereitung noch von einer anderen Seite aus: Alle präsentierten Spiel- und Übungsformen (immerhin über 70!) laufen in einer identischen Organisation ab. Aufwendiges, recht kompliziertes, zeitraubendes und störendes Umorganisieren fällt damit weg!

Einfacher und effizienter können Vorbereitung und Praxis des B- und A-Juniorentrainings nicht sein!

Ihr

Norbert Vieth

Norbert Vieth

Das Fußballspielen bleibt der Kern!

B- und A-Juniorenfußballer möchten im Verein in erster Linie mit viel Spaß trainieren und um Punkte spielen. Gleichzeitig suchen die meisten noch etwas anderes: soziale Kontakte, außersportliche Freizeitaktivitäten und Mitbestimmung!

Das erwarten B- und A-Junioren von einem Verein

Persönlichkeiten fördern und fordern!

B-und A-Juniorenspieler haben (nicht nur) im Fußball eine genaue Vorstellung davon, was sie von einem Verein erwarten. Denn Jugendliche sind bis zu diesem Alter bereits zu Persönlichkeiten herangereift – mit klaren Bedürfnissen, Ansichten und Einstellungen. So haben sie konkrete Vorstellungen, welchen Sport sie wie (zum Beispiel mit Freunden in der Freizeit, bei kommerziellen Anbietern oder eben im Verein) ausüben möchten.

Bleiben sie bis zu diesem Alter dem regelmäßigen Fußballspielen im Verein treu, sind sie ein relativ stabiles Zukunftskapital. Umso wichtiger ist es, dass Clubs gerade für diese Kerngruppe attraktiv sind und bleiben. Denn diese 'fußballinfizierten' Vereinsspieler sind zwar bereit, kurzfristige Durststrecken und Motivationslöcher (z. B. Niederlagenserien, schlechtes Training oder gesperrte Rasenflächen ...) wegzustecken, auf Dauer sind aber auch sie nur durch zeitgemäße Angebote zu begeistern.

Diese Attraktivität eines modernen Vereins machen dabei nicht nur motivierende Trainingseinheiten und Wettspiele aus. Genauso wichtig sind positive persönliche Kontakte zu Mitspielern und Trainern. Durch ein positives Mannschaftsklima inklusive einer breiten Palette an außersportlichen Aktivitäten (z. B. Ferienreisen, Bundesliga-Besuche, Parties, Diskussionsrunden) steigt ein Fußballclub auf der Beliebtheitsskala der Jugendlichen.

Ein weiterer Punkt ist für Jugendliche nicht hoch genug einzustufen: Sie wollen als selbstbewusste Persönlichkeiten mitbestimmen. Jugendtrainer müssen deshalb regelmäßig Mitbestimmungsmöglichkeiten anbieten sowie die Interessen und Wünsche der B- und A-Junioren berücksichtigen.

Außerdem dürfen Trainer dieser Altersstufe keinesfalls nur in Punkten und Tabellen denken und Spieler ausschließlich nach fußballerischen Stärken, Schwächen und Eigenschaften einstufen.

Sie müssen stets die ganze Persönlichkeit im Blick haben und offen und sensibel sein für Probleme.

Wichtig: Auf den Seniorenbereich vorbereiten!
Im B- und A-Juniorenfußball kommt gegenüber unteren Altersklassen ein spezieller Aufgabenschwerpunkt hinzu, der für die sportliche und personelle Zukunft der Clubs eine geradezu existenzsichernde Funktion haben kann: In enger Kooperation mit Vertretern und Trainern aus dem Seniorenbereich muss rechtzeitig ein harmonischer, komplikationsloser Wechsel vom Jugend- in den Seniorensektor vorbereitet werden. Das umfasst nicht nur eine fußballspezifische Vorbereitung auf die Anforderungen des Seniorenfußballs, sondern vor allem die schnelle zwischenmenschliche Integration in das neue Umfeld.

Der Spaß am Fußballspielen bleibt der Kern!
Ein funktionierendes Mannschaftsumfeld sowie ein kompetenter, engagierter und vorbildlicher Trainer sind zentrale Eckpfeiler einer zukunftsorientierten Vereinsphilosophie. Kern jedes Clubs sind und bleiben jedoch das wettbewerbsorientierte Fußballspielen in offiziellen Punktspielen und ein interessantes Training, das darauf vorbereitet.

Wichtigstes Motiv für B- und A-Jugendspieler ist dabei der Spaß am Fußballspielen. Dieses Interesse eint alle – egal, ob ein Jugendlicher in der Junioren-Bundesliga, in der Bezirksliga oder in der Kreisliga aufläuft. Erst auf dieser Basis ist ein realistisches Trainingskonzept für die jeweilige B-/A-Junioren-Spielklasse zu erarbeiten, das auf die Motivation zu leistungsorientierten Trainingsinhalten, auf das individuelle fußballerische Können oder Trainingsumfänge abgestimmt ist.

Das *fußballtraining-praxisplaner*-Konzept hilft bei dieser flexiblen und systematischen Erstellung eines maßgeschneiderten Trainingsplans!

Info: Anforderungen/Erwartungen im B- und A-Juniorenfußball

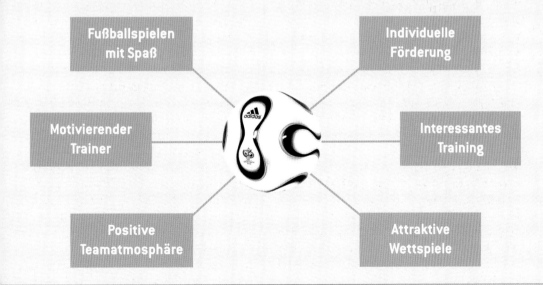

- Fußballspielen mit Spaß
- Individuelle Förderung
- Motivierender Trainer
- Interessantes Training
- Positive Teamatmosphäre
- Attraktive Wettspiele

Jedes Training sorgfältig vorbereiten!

Jedes Training mit B- und A-Junioren muss sorgfältig vorbereitet werden. Nur so gelingt es, die jugendlichen Fußballerinnen und Fußballer in diesem 'zweiten goldenen Lernalter' so optimal wie möglich zu fördern und zu fordern!

Mit Inhaltsbausteinen optimal planen

Die nötige Planungszeit investieren!

Jeder B- und A-Juniorentrainer sollte wissen, dass er seine Spieler und Mannschaft fußballerisch nur voranbringen kann, wenn er sein Training sorgfältig vorbereitet.

Die Realität ist in vielen Fällen jedoch eine ganz andere. Zeitliche Zwänge verhindern häufig eine sorgfältige Trainingsplanung. Die Konsequenz ist häufig ein Training 'aus dem Bauch heraus'. Im Extremfall überlegt sich mancher Übungsleiter noch auf dem Weg von der Umkleidekabine zum Platz den Auftakt des aktuellen Trainings. Das weitere Programm bestimmt er bei einer gewissen Routine spontan aus dem Trainingsablauf heraus.

Je nach Umfang des Übungsrepertoires, aus dem ein Trainer schöpfen kann, ist früher oder später Monotonie vorprogrammiert.

Schlimmer: Auch der ideenreichste Trainer wird bei allen neuen Übungskreationen nicht vermeiden können, dass sein Training unsystematisches Stückwerk und damit langfristig kaum effektiv bleibt! Denn, um stabile technisch-taktische oder konditionelle Fortschritte zu erreichen, ist es ein Muss, für bestimmte Trainingsabschnitte jeweils konkrete Schwerpunkte zu bestimmen und dann konzentriert zu trainieren!

Schritte der Trainingsplanung im B- und A-Juniorenfußball

Wie aber kommt ein zeitlich überlasteter Juniorentrainer zu einer sorgfältigen Vorbereitung seines Trainings? Dieser Planungsprozess umfasst in allen Spiel- und Altersklassen identische Schritte.

Um diese Planungsschritte kommt kein Trainer herum und das hier präsentierte *fußballtraining-praxisplaner*-Konzept erleichtert diese Aufgabe ungemein!

Erster Schritt: Nicht Gegner analysieren, sondern Trainingsabläufe und -organisation überprüfen!

Erster Schritt ist eine genaue Analyse der aktuellen Situation.

Anders beispielsweise als in höheren Spielklassen des Seniorenfußballs umfasst eine solche Analyse an allererster Stelle keine detaillierte Auswertung des letzten Spiels inklusive der Konsequenzen für das nächste Match. Leitfragen einer solchen Analyse sind **nicht**: Funktionierte unser spieltaktisches Konzept wie geplant? Wurden Trainingsschwerpunkte der Vorwoche auch unter Druck des Spiels umgesetzt? Wie ist die Spielanlage unseres nächsten Gegners – welches taktische Konzept meines Teams hat die besten Erfolgsaussichten? Zwangsläufig bestimmen die Resultate so einer auf das letzte und nächste Wettspiel ausgerichteten Analyse auch **nicht** die weiteren Planungsschritte der Trainingswoche!

Denn Juniorenfußball ist nicht primär Resultats-, sondern vor allem Ausbildungsfußball! Nicht Sieg und Punkte im nächsten Wettspiel bestimmen alles, sondern perspektivisch angelegte Ziele: Einerseits sind Spaß und Interesse aller Jugendlichen am lebenslangen Fußballspielen im Verein weiter zu stabilisieren. Andererseits ist nicht aus jedem B- und A-Jugendlichen ein Top-Spieler zu machen, jeder soll dennoch Schritt für Schritt 'Mindeststandards' erwerben, die für ein funktionierendes Mannschaftsspiel Fußball auf der jeweiligen Spielklassenstufe nötig sind.

Deshalb sind bei einer Situationsanalyse rund um Training und Spiel einer B- und A-Juniorenmannschaft auch ganz andere Punkte wichtig als z.B das Spielsystem oder die Angriffstaktik des nächsten Gegners. Die aktuelle Situation ist stattdessen danach zu überprüfen, was die fußballerische Ausbildung der Jugendlichen in dieser Phase beeinflusst. Hier nur einige Punkte einer Checkliste zur Analyse der Spiel- und Trainingsrealität in diesen beiden Altersklassen:

Info: Planungsschritte

1 Aktuelle Situation analysieren

2 Ziele des Trainings festlegen

3 Inhaltsbausteine bestimmen

4 Passende Grundorganisation aussuchen

5 Aus dem Trainingsformenkatalog bedienen

6 Nach dem Plan trainieren

- Welche Ausbildungsschwerpunkte wurden in letzter Zeit bereits abgedeckt? Wo sind klare Fortschritte zu erkennen?
- Welchen Schwerpunkt muss ich dagegen mit meinem Team in nächster Zeit noch erarbeiten?
- Wie viele Trainingseinheiten kann ich dafür einplanen? Eine wie große Trainingsfläche ist verfügbar (ganzer, halber Platz oder sogar nur eine kleine Ausweichfläche)? Ist der Boden aufgrund des aktuellen Wetters trocken, nass, tief oder hart gefroren?
- Sind alle Spieler beim Training oder fallen einige wegen Prüfungen, Klassenreisen, Nachmittagsunterricht aus?
- Wie ist die aktuelle Stimmung in der Mannschaft, wie waren die Spiel- und Trainingsbelastungen in der letzten Zeit? Kann ich etwas Komplexeres anbieten, was aber nur mit hochkonzentrierten Spielern etwas bringt? Oder schalte ich besser zunächst einen leichteren Trainingsblock mit motivierenden Aufgaben zwischen?

Zweiter Schritt: Das Fußball-1x1 für das Training in Teilziele aufschlüsseln!

Im Zuge dieser aktuellen Situationsanalyse darf kein Juniorentrainer das oberste Ziel aus den Augen verlieren, mit viel Spaß und Motivation die Qualität des fußballerischen 1x1 Schritt für Schritt zu steigern!

Konkret bedeutet das, technische, individual- und gruppentaktische Mittel sowie eine gewisse Fitness als 'fußballerische Basis' schwerpunktmäßig (über längere Trainingsabschnitte) und interessant zu trainieren.

Info: Das *fußballtraining-praxisplaner*-Konzept im Überblick

Tipps zum Einsatz

▶ Mit einer genauen Analyse anfangen: Wie ist die aktuelle Stimmung? Welche Trainingsziele sind realistisch? Mit welcher Trainingssituation ist zu rechnen?

▶ Nicht nur von Spiel zu Spiel denken und planen! Längere Blöcke (z.B. über 4 Trainingswochen) mit einem Schwerpunkt planen! Das ist effizienter!

▶ Sich zu diesem Schwerpunkt aus dem Trainingsformen-Katalog bedienen und die Praxisvorschläge zu immer neuen Trainingseinheiten kombinieren!

▶ Trainingsschwerpunkte (= Inhaltsbausteine) regelmäßig wiederholen! Den Trainingsformen-Katalog mit eigenen Ideen und Variationen erweitern!

▶ Bei jedem Training nicht nur Aufgaben nach Plan abspulen, sondern sich stets darauf konzentrieren, das Trainingsziel zu erreichen!

▶ Bei aller Vorplanung stets flexibel bleiben! Mit Improvisationsgeschick Ablauf und Organisation des Trainings umstellen, wenn es die aktuelle Situation fordert!

Dieses Leitprinzip dürfen gerade Trainer im B- und A-Juniorenbereich zu keinem Zeitpunkt vergessen. Denn in diesem 'zweiten goldenen Lerrnalter' (Stichworte: körperliche Ausgeglichenheit durch Stärkung der Muskulatur, verbesserte Koordination, bessere Auffassungsgabe, Kraftzuwachs) bietet sich nochmals (!) die große Chance, alle technisch-taktischen und spielerischen Qualitäten eines Fußballers zu verbessern und schnelle Lernerfolge zu erzielen. Wenn diese Chance ausgelassen wird, lassen sich fußballerische Defizite im Seniorenbereich nur noch äußerst schwer beheben. Oder anders: Eine reibungslose Integration in eine spiel-

Der B- und A-Juniorentrainer muss von seinen Spielern in Training und Spiel Dynamik und „positive Aggressivität" fordern!

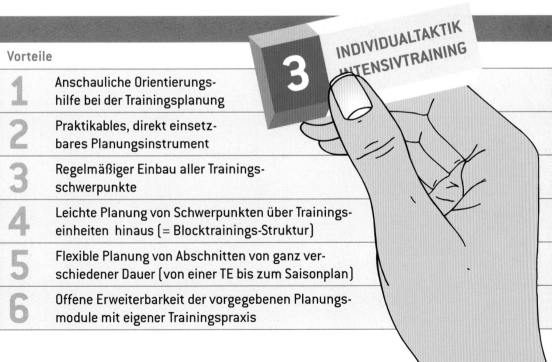

INDIVIDUALTAKTIK INTENSIVTRAINING

3

Vorteile

1	Anschauliche Orientierungshilfe bei der Trainingsplanung
2	Praktikables, direkt einsetzbares Planungsinstrument
3	Regelmäßiger Einbau aller Trainingsschwerpunkte
4	Leichte Planung von Schwerpunkten über Trainingseinheiten hinaus (= Blocktrainings-Struktur)
5	Flexible Planung von Abschnitten von ganz verschiedener Dauer (von einer TE bis zum Saisonplan)
6	Offene Erweiterbarkeit der vorgegebenen Planungsmodule mit eigener Trainingspraxis

starke Seniorenmannschaft nach Ende der A-Juniorenzeit fällt weitaus schwerer!

Dritter bis fünfter Schritt: Konkrete Trainingsvorbereitung mit dem *fußballtraining-praxisplaner*-Konzept

Die Bausteine für das B- und A-Junioren-Training (Seiten 12 bis 15) inklusive des exakt darauf abgestimmten Trainingsformen-Katalogs (Seiten 22 bis 65) decken exakt diese 'fußballerische Basis' der Spieler und Teams in dieser Altersstufe ab!

Nur in den höchsten Spielklassen bis hinauf zur Junioren-Bundesliga sind diese primär mittel- und langfristig ausgerichteten Inhaltsbausteine um spieltaktische Schwerpunkte einer aktuellen Spielvorbereitung zu **ergänzen**. Auch hier darf keinesfalls ein Denken und Planen von Spiel zu Spiel so

weit dominieren, dass eine systematisch angelegte Förderung des einzelnen Talents vernachlässigt wird.

Diese Version des *fußballtraining-praxisplaner*-Konzepts ist auf leistungsorientierte B- und A-Juniorenteams unterhalb der beiden höchsten Spielklassen abgestimmt, in denen Trainer spiel- und mannschaftstaktische Ziele nur sporadisch (z. B. als Variation und Coaching-Schwerpunkte des Abschlussspiels) einfließen lassen.

Durch das Baustein-Konzept hat jeder B- und A-Juniorentrainer dieser Spielklassen einen schnellen Überblick, welche Schwerpunkte er berücksichtigen muss. Integriert er regelmäßig alle Inhaltsbausteine in sein Training, kann er sicher sein, nichts vergessen zu haben.

Info: Inhaltsbausteine für das Training im B- und A-Juniorenfußball

1 AUFWÄRMEN

2 TECHNIK-INTENSIVTRAINING

3 INDIVIDUALTAKTIK-INTENSIVTRAINING

4 GRUPPENTAKTIK-INTENSIVTRAINING

Taktisch cleveres Agieren im 1-gegen-1 in Defensive und Offensive muss mit A- und B-Junioren regelmäßig trainiert werden!

Gleichzeitig garantiert das 'Baukasten-Prinzip' jedem Trainer größtmögliche Flexibilität für seine eigene, individuelle Planung. Er hat ein praktikables, leicht handhabbares Instrument an der Hand, das zwar Orientierung bietet, aber kein starres 'Planungskorsett' vorgibt, das für die spezielle Situation des Trainers doch nicht passt!

Kurzum: Trainingsplanung mithilfe des Baukasten-Prinzips garantiert noch kein optimales Training, aber sie bietet dem Juniorentrainer durch die erprobte und praxisorientierte Mischung von Inhalten sowie ein flexibles Planungsinstrument eine weitaus bessere Chance, seine Ziele zu erreichen!

5 SPIEL-SCHNELLIGKEIT

6 KOORDINATION/SCHNELLIGKEIT

7 AUSDAUER

8 FUSSBALLSPIELE MIT SCHWERPUNKTEN

Inhaltsbausteine im Detail

TRAININGSBAUSTEIN 1
Aufwärmen

Funktion und Ziele
- Spaß und Motivation von der ersten Trainingsminute an
- Psychisches/physisches Einstimmen auf das Training
- Impulse für die Technik-Schulung

Trainingsinhalte
- Einzelarbeit mit Ball
- Technik-Aufgaben zu zweit, zu dritt und zu viert (Schwerpunkte: Passen und Ballkontrolle)
- Technik-Aufgaben für die Feldspieler inklusive einer Torhüter-Schulung
- Koordinative Aufgaben mit Ball
- Attraktive Aufgaben zur Schulung der Laufkoordination
- Kleine Spiele mit Ball
- Lauf- und Fangspiele

Variantenreiche Einzelaufgaben mit Ball in (fast) jedes Aufwärmprogramm einplanen!

TRAININGSBAUSTEIN 2
Technik-Intensivtraining

Funktion und Ziele
- Festigen der Grundtechniken als Handwerkszeug des Fußballers
- Basis für erfolgreichen und attraktiven Fußball
- Spaß am Fußballspielen

Trainingsinhalte
- Übungen zur Sicherheit und Kreativität am Ball (Basis der Techniken)
- Dribbling zur Ballsicherung
- Tempodribbling
- Dribbling zum Ausspielen des Gegners (inklusive Finten)
- Passen und Schießen mit der Innenseite, dem Außen-, Innen-, Vollspann
- Kontrolle flacher und hoher Zuspiele
- Beid- und einbeiniges Köpfen aus dem Stand und aus dem Anlauf

Zuspiel-Aufgaben mit leichtem Gegnerdruck schulen Passgenauigkeit und Spielübersicht!

TRAININGSBAUSTEIN 3
IT-Intensivtraining

Funktion und Ziele
- Individualtaktisches 1-gegen-1 in Offensive und Defensive als Basis des Spiels
- Grundlagen für gruppen- und mannschaftstaktische Mittel schaffen
- Spaß am Fußballspielen

Trainingsinhalte
Offensive
- 1 gegen 1-Situation I: Angreifer am Ball
- 1-gegen-1-Situation II: Angreifer fordert das Zuspiel (1 + 1-gegen-1)

Defensive
- 1-gegen-1-Situation I: Verteidigen gegen einen Angreifer am Ball
- 1-gegen-1-Situation II: Verteidigen gegen einen ballerwartenden Angreifer

Taktisch geschicktes Agieren in einem direkten Duell mit einem Gegenspieler kontinuierlich trainieren!

TRAININGSBAUSTEIN 4
GT-Intensivtraining

Funktion und Ziele
- Festigen gruppentaktischer Mittel in der Offensive und Defensive
- Basis für ein erfolgreiches Angriffsspiel/eine kompakte Mannschaft
- Spaß am Fußballspielen

Trainingsinhalte
Offensive
- Angreifen in ÜZ (2–1, 3–2, 4–3...)
- Angreifen in GZ (2–2, 3–3, 4–4...)
- Angreifen in UZ (2–3, 3–4, 4–5...)

Defensive
- Verteidigen in ÜZ (2–1, 3–2, 4–3...)
- Verteidigen in GZ (2–2, 3–3, 4–4...)
- Verteidigen in UZ (2–3, 3–4, 4–5...)

Durch die regelmäßige Konfrontation mit Grundsituationen lernen die Spieler effiziente Lösungen kennen!

Inhaltsbausteine im Detail

TRAININGSBAUSTEIN 5
Spielschnelligkeit

Funktion und Ziele
- Basis, um auch schwerste Situationen (z. B. hoher Gegnerdruck) zu lösen
- Präzises, flexibles und temporeiches Anwenden aller Angriffstechniken
- Schnelles Umschalten

Trainingsinhalte
- Aufgaben zum Automatisieren aller Techniken sowie der Lauf-/Ballwege unter Druck in engen Spielräumen
- Spielformen, in denen die Spieler in kurzer Zeit immer neue Situationen flexibel, kreativ und blitzschnell lösen müssen
- Spielerische Aufgaben (mit positivem Coaching!) zur Förderung von Spielwitz, Kreativität, Risikofreude und Selbstvertrauen

Durch Spielformen auf engstem Raum lernen die Spieler, Situationen blitzschnell und kreativ zu lösen!

TRAININGSBAUSTEIN 6
Koordination/Schnelligkeit

Funktion und Ziele
- Bewegungs- und Antrittsschnelligkeit ist die Basis erfolgreicher Aktionen
- Lauftechnik (z. B. 'Lauf-ABC') ist die Grundlage für schnelles Laufen
- Schnelligkeit im Fußball ist komplex!

Trainingsinhalte
- Antritte zum Ball und schnelle, präzise Anschlussaktionen (1-gegen-1 und/oder Torschuss)
- Antritte (aus unterschiedlichen Startpositionen, auf unterschiedliche Startsignale, mit Richtungswechseln, mit Zusatzaufgaben)
- Laufübungen mit Anschlussaktionen (z. B. mit anschließenden kurzen Antritten, Torschüssen, leichten Technik-Aufgaben)

Wettläufe zum Ball sind ein ideales und motivierendes Trainingsmittel, um die Schnelligkeit zu verbessern!

TRAININGSBAUSTEIN 7
Ausdauer

Funktion und Ziele
- Fußball ist ein Laufspiel, d. h. die Ausdauer ist Basis jeder Spielleistung
- Basis eines Fußballers, um intensiv bis zur letzten Minute aktiv zu sein
- Aber: keine monotonen Rundenläufe!

Trainingsinhalte
- Längere Laufstrecken mit Variation der Laufformen, -wege und -tempi
- Interessante Parcours mit unterschiedlichen Laufformen/-aufgaben
- Interessante Parcours mit einfachen technischen Zusatzaufgaben
- Spielformen auf Tore mit Torhütern oder im freien Raum (vom 1–1 bis 8–8) mit angemessenen Belastungen
- Kombination von Spielformen und Laufaufgaben

Ausdauerläufe nur ganz sporadisch einplanen – Spielformen schulen die Fitness weitaus besser!

TRAININGSBAUSTEIN 8
Fußballspiele mit SP

Funktion und Ziele
- Spielformen mit größeren Teams und in einem größeren Trainingsraum
- Akzentuierung taktischer Schwerpunkte durch spezielle Spielregeln
- Vorrangig als Abschlussspiel!

Trainingsinhalte
- Spielformen zum Schwerpunkt 'Ballsicherung'
- Spielformen zum 'Herausspielen und Verwerten von Torchancen'
- Spielformen zum Schwerpunkt 'Verschieben'
- Spielformen mit Flügelzonen
- Zwei- und Dreizonen-Spiele
- Spielformen mit unterschiedlichen Pressing-Zonen

Variantenreiche Taktik-Spielformen zu konkreten Schwerpunkten sind ein zentrales Trainingsmittel!

Schluss mit organisatorischen Problemen!

Viele inhaltlich bis ins Detail geplante Trainingseinheiten scheitern in der Praxis plötzlich an organisatorischen Problemen. Beim *fußballtraining-praxisplaner*-Konzept wird deshalb eine funktionierende Organisation gleich mitgeliefert!

So lässt sich Training einfach planen und organisieren

Planung, die in der Praxis gelingt!

Puzzelt der Trainer mit Hilfe der Inhaltsbausteine (Seiten 12 bis 15) sein ganz spezielles Trainingsprogramm für seine Mannschaft zusammen, so hat er die Sicherheit, dass er alle wichtigen Schwerpunkte berücksichtigt.

Das *fußballtraining-praxisplaner*-Konzept macht die Trainingsvorbereitung noch von einer anderen Seite aus leichter: Der Trainingsformen-Katalog (Seiten 22 bis 65) ist nicht nur exakt nach Inhaltsbausteinen strukturiert, sondern alle präsentierten Spiel-/Übungsvarianten laufen in **einer identischen Grundorganisation** ab!

Die richtige Organisation wird mitgeliefert!

Die Konsequenzen für die Trainingsplanung und vor allem Trainingspraxis sind offensichtlich:

- Egal, welche Praxisteile ein Trainer für sein Puzzle herauspickt: Er muss nicht befürchten, von Trainingsform zu Trainingsform zunächst aufwendig umorganisieren zu müssen!

- Ganz im Gegenteil: Die Organisation bleibt über die komplette Trainingseinheit (im Aufwärmen, Hauptteil und Abschluss) automatisch unverändert

Ein reibungsloser Ablauf ist garantiert!

Die positiven Effekte dieses *fußballtraining-praxisplaner*-Konzepts sind offensichtlich: Gerade im Juniorenfußball sind Trainer 'Mädchen für alles'. Sie haben vielfach keinen Co-Trainer, der z. B. auch bei der Trainings(um)organisation hilft. Sie sind die meiste Zeit auf sich alleine gestellt und müssen für den reibungslosen Ablauf sorgen. Aufwendige Auf- und Umbauten oder das Bilden neuer Spiel- und Übungsgruppen kosten nicht nur Zeit, sondern sie können mithin 'nerven' und damit Motivation, Konzentration und Spielfreude stören.

Der *fußballtraining-praxisplaner* garantiert dagegen eine reibungslose Organisation von einer Phase und Trainingsform zur nächsten – eine bessere Hilfe für die Praxis ist kaum möglich!

Info: Grundidee

Trainingsbausteine

1 AUFWÄRMEN	**2** TECHNIK-INTENSIVTRAINING
3 INDIVIDUALTAKTIK-INTENSIVTRAINING	**4** GRUPPENTAKTIK-INTENSIVTRAINING
5 SPIEL-SCHNELLIGKEIT	**6** KOORDINATION/SCHNELLIGKEIT
7 AUSDAUER	**8** FUSSBALLSPIELE MIT SCHWERPUNKTEN

Leichte Organisation

TRAINING

- leistungsgerecht
- motivierend
- lernintensiv
- leicht organisierbar
- praktikabel
- maßgeschneidert

Grundorganisation

3 Mannschaften zu je 6 Spielern und 2 Tore mit Torhütern

Organisation

- Ein Spielfeld von der Größe eines doppelten Strafraums markieren (etwa 40 x 30 Meter)
- 3 möglichst gleich starke Gruppen/Mannschaften einteilen
- 2 Torhüter
- Grundlinie 1:
  normalerweise das fest installierte Tor
- Grundlinie 2:
  ein tragbares Tor
- 1 Ball pro Spieler

Organisatorische Tipps

- So weit wie möglich vorhandene Spielfeldmarkierungen zur Abgrenzung verwenden (hier die Strafraumlinien)!
- Alle anderen Linien mit Hütchen/Markern klar kennzeichnen!
- Genügend Reservebälle rund um das Feld (vor allem am tragbaren Tor!) verteilen, um längere Pausen zu verhindern!
- Bei der Vorbereitung die Verfügbarkeit des tragbaren Tores prüfen!
- Das tragbare Tor muss ein Netz haben – gegebenenfalls Zeit für die Netzbefestigung einplanen!
- 2 tragbare Tore machen von der häufig gesperrten Strafraumfläche unabhängig!

Vorteile/Schwerpunkte

Vorteile
- Viele Torschuss-Situationen bei den meisten Spiel- und Übungsformen (Torschüsse = bestes Motivationsmittel!)
- Komplikationsloser und schneller Wechsel von Spiel- und Übungsformen
- Leichte Übersicht des Trainers über alle Aktionen und Spieler

Schwerpunkte
- Variantenreiche Spielformen auf 2 Tore zu verschiedenen Schwerpunkten:
  1-gegen-1, 2-gegen-2 ..., Spielschnelligkeit
- Motivierende Torschuss-Aufgaben
- Torschussformen in Verbindung mit zusätzlichen Aufgaben, z. B. zur Schnelligkeit/Koordination

Flexible Anpassung

- Spielphasen und aktive Pausen (leichte Ballarbeit!) so timen, dass alle Aktionen konzentriert und mit Tempo ablaufen!
- (Geringfügige!) Vergrößerung des Feldes:
  1. Weniger 'Druck' durch Gegenspieler = größerer Spiel- und Aktionsraum = leichtere technisch-taktische Anforderungen
  2. verstärkte Laufarbeit
- (Geringfügige!) Verkleinerung des Feldes:
  1. Größerer 'Druck' durch Gegenspieler = weniger Spiel- und Aktionsraum = schwerere technisch-taktische Anforderungen
  2. häufigere Ballkontakte und Aktionen
- Zusätzliche Spieler bei gleicher Spielfeldgröße: Größerer 'Druck' durch Gegenspieler = weniger Spiel- und Aktionsraum

Teams/Gruppen:	Spielfeld:	Tore:
• 3 Teams zu je 6 Spielern + 2 Torhüter	• 40 x 32 Meter	• 2 Großfeldtore

Spiel- und Übungsformen für die Praxis

Der Trainingsformen-Katalog ist das konkrete Arbeitsinstrument für jeden Trainer. Mit Hilfe vieler attraktiver, praktikabler (weil organisatorisch einheitlicher!) und lerneffizienter Spiel- und Übungsformen lässt sich das Training leicht vorbereiten!

Bedienen Sie sich aus dem Trainingsformen-Katalog!

So ist der Praxis-Katalog aufgebaut

Der Trainingsformen-Katalog ist exakt auf Inhaltsbausteine des B- und A-Juniorentrainings abgestimmt.

Zu jeder Spiel- und Übungsform gibt es viele Zusatzinformationen, die die Anwendung im Training enorm erleichtern – egal, welche Spielstärke oder konkrete Trainingssituation der Trainer vorfindet:

- Mit einfachen Variationen des Grundablaufs lässt sich jede Trainingsform erleichtern, erschweren oder organisatorisch leicht verändern. Der Trainer kann sich flexibel eine Variationsmöglichkeit aussuchen, um die Trainingsanforderungen der Spielstärke anzupassen.
- Exakt auf die jeweilige Trainingsform abgestimmte organisatorische Tipps helfen dabei, typische Problemsituationen zu meistern und einen reibungslosen Ablauf zu garantieren.
- Optimale Lernerfolge stellen sich vor allem dann ein, wenn Korrekturen und Demonstrationen die Trainingsformen begleiten. Korrekturhinweise zeigen deshalb, worauf es jeweils schwerpunktmäßig ankommt. Diese weiteren Informationen erleichtern dem Trainer die nötigen Korrekturen.

Tipps zum Einsatz der Trainingsformen

- Spiel- und Übungsformen zu einem konkreten Schwerpunkt über einen längeren Trainingsabschnitt einplanen – dabei konzentriert trainieren und die Anforderungen schrittweise steigern!
- Angegebene Belastungszeiten sind nur eine grobe Orientierungshilfe. Spielzeiten/Pausen flexibel verlängern bzw. verkürzen. Sobald Konzentration und Dynamik der Aktionen nachlassen, unterbrechen und Aufgaben zur aktiven Regeneration anbieten!
- Bei der Vorstellung einer neuen Trainingsform das Wichtigste kurz und prägnant erklären (z. B. Spielregeln, Torwertung, technisch-taktische Schwerpunkte). Eventuell den Grundablauf einer Trainingsform kurz durchspielen lassen, dann unterbrechen, um letzte Fragen zu klären!

Info: Das *fußballtraining-praxisplaner*-Konzept

1 AUFWÄRMEN

▼

2 TECHNIK-INTENSIVTRAINING

▼

3 INDIVIDUALTAKTIK-INTENSIVTRAINING

▼

4 GRUPPENTAKTIK-INTENSIVTRAINING

▼

Organisationsgrundform

▲

5 SPIEL-SCHNELLIGKEIT

▲

6 KOORDINATION/SCHNELLIGKEIT

▲

7 AUSDAUER

8 FUSSBALLSPIELE MIT SCHWERPUNKTEN

Trainingstipps

- Springen Sie nicht zu viel von Inhaltsbaustein zu Inhaltsbaustein!
- Nur Schwerpunkte über längere Zeiträume (z. B. 2 bis 4 Wochen) bringen stabile Fortschritte!
- Ergänzen Sie die Praxis-Vorschläge um eigene Ideen und Variationen! Sortieren Sie diesen persönlichen Trainings-formen-Katalog nach dem gleichen System!
- Planen Sie nicht zu viele Praxisformen in ein Training ein! Wichtige Hinweise, wie Sie eine Trainingseinheit richtig aufbauen, finden Sie auf den Seiten 66 bis 69!
- Prüfen Sie nach dem Praxiseinsatz jede Trainingsform mit Hilfe bestimmter Fragen: War die Aufgabe zu leicht, zu schwer oder leistungsangemessen? Klappte der organisatorische Ablauf reibungslos? Vor allem: Wurde der beabsichtigte Lerneffekt erreicht?

Trainingsbaustein 1

Handball-Kopfball-Spiel + Technikprogramm

Schwerpunkte/Ziele

1. Physische und psychische Vorbereitung auf das Training
2. Spielerische Aktivierung
3. Spaß und Motivation von der 1. Trainingsminute an

Organisation

- **Gruppen A + B:** Die beiden Teams postieren sich zwischen beide Tore mit Torhütern.
- **Gruppen C:** Markierter Raum an passender Stelle außerhalb des Standard-Übungsfeldes
- Nach je 5 Minuten wechselt eine andere Gruppe vom Aufwärmspiel zum Technik-Training!

Ablauf

Gruppen A + B: Aufwärmspiel
- 6-gegen-6 auf die beiden Tore
- Beide Mannschaften spielen sich den Ball per Hand zu. Mit dem Ball dürfen die Spieler maximal 3 Schritte laufen – spätestens dann müssen sie abspielen.
- Treffer dürfen nur per Kopf auf Zuspiel eines Mitspielers erzielt werden. Eigenvorlagen zum Kopfball sind somit nicht erlaubt!

Gruppe C: Technik-Aufgaben
- Paralleles Aufwärmprogramm für die 3. Gruppe: Einzel-Aufgaben mit Ball (in Eigenregie oder unter Trainer-Anleitung)

Lattentreffer + Technikprogramm

Schwerpunkte/Ziele

1. 'Richtige Bewegungstemperatur'
2. Vorbereitung der Bewegungskoordination und Konzentration auf schwierige fußballspezifische Aufgaben
3. Spielerische Aktivierung

Organisation

- **Gruppen A + B:** Die beiden Teams postieren sich zwischen beide Tore mit Torhütern.
- **Gruppen C:** markierter Raum an passender Stelle außerhalb des Standard-Übungsfeldes
- Nach je 6 Minuten wechselt eine andere Gruppe vom Aufwärmspiel zum Technik-Training!

Ablauf

Gruppen A + B: Aufwärmspiel I (3 Minuten)
- 6-gegen-6 auf beide Tore nach Handball-Regeln
- Ziel/Aufgabe: Aus dem Zusammenspiel die Torlatte des Gegners treffen

Gruppen A + B: Aufwärmspiel II (3 Minuten)
- 6-gegen-6 auf beide Tore mit Torhütern nach Handball-Regeln
- Ziel/Aufgabe: Abspiele aus der Hand per Spann oder Innenseite – Torabschlüsse sind nur volley nach einem Zuspiel möglich!

Gruppe C: Technik-Aufgaben
- Paralleles Aufwärmprogramm für die 3. Gruppe: Technik-Aufgaben zu zweit

Gruppen A + B

Gruppe C: Aufgabe 1

- Mit vielen Tempo- und Richtungswechseln bewegen
- Mit vielen schnellen Ballkontakten dribbeln
- Finten einbauen!

Gruppe C: Aufgabe 2

- Möglichst variantenreich jonglieren
- Mit vielen kurzen Ballkontakten jonglieren
- Jonglierhöhe bewusst variieren

Gruppen A + B

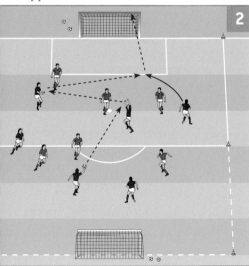

Gruppe C: Aufgabe 1

- A wirft zu, B stoppt per Oberschenkel in der Luft vor und spielt per Spann volley zurück
- Wie zuvor, aber B stoppt per Brust vor

Gruppe C: Aufgabe 2

- Präzise Pässe mit variabler Ballkontrolle
- A wirft zu – B spielt per Kopfball zurück.
- Variantenreich zu zweit jonglieren!

Trainingsbaustein 1

Pendel-Aufgaben + Technikprogramm

Schwerpunkte/Ziele

1. Physische und psychische Vorbereitung auf das Training
2. Sicherheit am Ball
3. Impulse für die Technik-Schulung

Organisation

- **Gruppen A + B:** In jeder Gruppe postieren sich je 3 Spieler auf beiden Seitenlinien gegenüber.
- **Gruppe C:** markierter Raum an passender Stelle außerhalb des Standard-Übungsfeldes
- Nach je 2 Pendel-Aufgaben wechselt eine andere Gruppe vom Aufwärmspiel zum Technik-Training!

Ablauf

Gruppen A + B: Pendel-Aufgaben mit Ball
- A dribbelt kurz an, passt zum Gegenüber B und läuft dem Zuspiel nach. B passt zu C auf der anderen Seite und läuft nach usw.
- Wie zuvor, jeder Spieler nimmt ein Zuspiel jedoch mit dem 1. Kontakt per Innenseite zur Seite mit und passt mit dem 2. Kontakt.
- Wie zuvor, aber Bälle mit dem 1. Kontakt per Außenseite kontrollieren!
- Nur direkte Pässe spielen und nachlaufen!

Gruppe C: Kreisspiel
- Paralleles Aufwärmprogramm für die 3. Gruppe: 4-gegen-2

Wende-Dribblings + Technikprogramm

Schwerpunkte/Ziele

1. Physische und psychische Vorbereitung auf das Training
2. Sicherheit am Ball
3. Impulse für die Technik-Schulung

Organisation

- **Gruppen A + B:** 2 x 3 Spieler je Gruppe postieren sich hintereinander auf einer Seitenlinie – auf der Seitenlinie gegenüber ein Hütchen aufstellen!
- **Gruppe C:** markierter Raum an passender Stelle außerhalb des Standard-Übungsfeldes
- Gruppenwechsel auf Zeichen des Trainers!

Ablauf

Gruppen A + B: Wende-Aufgaben mit Ball
- A dribbelt um die Wendemarkierung, passt zu B und läuft auf seine Position zurück. B dribbelt um die Markierung, spielt zu C usw.
- Wie zuvor, aber halbhoch zum nächsten Spieler passen!
- Um die Markierung dribbeln und dann mit dem Gegenüber die Kombination Pass–Rückpass–Pass spielen!
- Auf die Markierung zudribbeln, kurz davor variabel die Richtung wechseln und genau passen.

Gruppe C: Kreisspiel
- Paralleles Aufwärmprogramm: 4-gegen-2

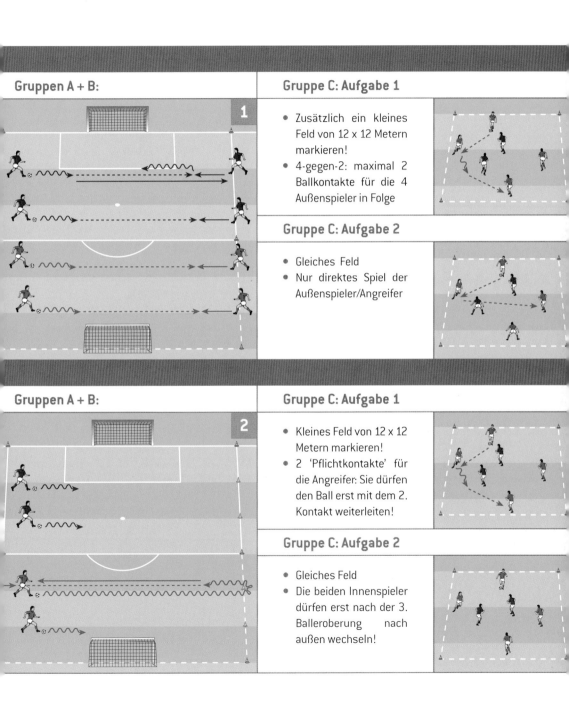

Gruppen A + B:

Gruppe C: Aufgabe 1

- Zusätzlich ein kleines Feld von 12 x 12 Metern markieren!
- 4-gegen-2: maximal 2 Ballkontakte für die 4 Außenspieler in Folge

Gruppe C: Aufgabe 2

- Gleiches Feld
- Nur direktes Spiel der Außenspieler/Angreifer

Gruppen A + B:

Gruppe C: Aufgabe 1

- Kleines Feld von 12 x 12 Metern markieren!
- 2 'Pflichtkontakte' für die Angreifer: Sie dürfen den Ball erst mit dem 2. Kontakt weiterleiten!

Gruppe C: Aufgabe 2

- Gleiches Feld
- Die beiden Innenspieler dürfen erst nach der 3. Balleroberung nach außen wechseln!

Trainingsbaustein 2

Zuspiel und Torschuss

Schwerpunkte/Ziele

1. Schulung verschiedener Techniken in Verbindung mit einem Torschuss
2. Spaß und Motivation
3. Kreativität und Variabilität beim Torschuss

Organisation

- **Gruppen A + B:** Beide Gruppen postieren sich an je einer Strafraumecke gegenüber – von Gruppe A hat jeder Spieler einen Ball.
- **Gruppe C:** markierter Raum an passender Stelle außerhalb des Standard-Übungsfeldes
- Gruppenwechsel auf Zeichen des Trainers!

Ablauf

Gruppen A + B: Torschuss-Aufgabe
- Der Erste der Gruppe A dribbelt kurz an und passt zum Gegenüber B.
- B nimmt das Zuspiel an und mit, dribbelt in die Mitte und schießt auf das obere Tor.
- Beide Spieler stellen sich danach bei der anderen Gruppe an.
- Bei der nächsten Aktion schließt der Spieler auf das untere Tor ab usw.

Gruppe C: mögliche Technik-Aufgaben
- Kreisspiel 4-gegen-2
- Fußball-Tennis
- Zuspiel-Aufgaben in Pendelform
- Zuspiel-Aufgaben im Kreis

Doppel-Aktionen

Schwerpunkte/Ziele

1. Schulung verschiedener Techniken in Verbindung mit einem Torschuss
2. Spaß und Motivation
3. Schnelles Umschalten auf eine neue Situation und Spielaufgabe

Organisation

- **Gruppe A:** mit Bällen neben Tor 1
- **Gruppe B:** neben Tor 2 (keine Bälle!)
- **Gruppe C:** ebenfalls mit Bällen auf der anderen Seite neben Tor 2

Ablauf

- Der Erste der Gruppe A dribbelt kurz an und passt präzise zum Gegenüber B, der sich von der anderen Seite aus anbietet.
- B nimmt das Zuspiel in der Drehung an und mit und schießt auf das Tor 2.
- A wird unmittelbar nach seinem Abspiel von C angespielt. Dieses Zuspiel nimmt A kurz in der Drehung mit und schließt auf das Tor 1 ab.
- Nach der Aktion stellen sich aller Spieler wieder bei der eigenen Gruppe an
- Auf ein Signal des Trainers wechseln die Gruppen nach etwa 5 Minuten komplett die Positionen/Aufgaben.

Tipps/Variationen

Tipp

- Gruppen-Torschusswettbewerbe organisieren!

Variationen

- Die Torschussaktion mit einem Flugball zum Gegenüber einleiten
- Torschüsse mit einer Ballübergabe vorbereiten!
- Torschüsse mit der Kombination Pass–Rückpass –Pass vorbereiten.
- Spieler B kann frei auf eines der beiden Tore abschließen – möglicherweise vorher eine Schussfinte vor einem Tor anbringen und dann auf das andere schießen!
- A spielt einen Flugball zum Gegenüber B, der A volley zum Torschuss auflegt.

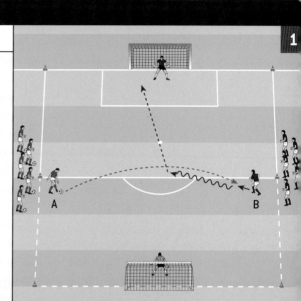

Tipps/Variationen

Tipp

- Falls die Wartezeiten für Gruppe C zu lang sind, nur 2 Spieler als Anspieler einbauen. Die anderen 4 Spieler bekommen leichte Technik-Aufgaben!

Variationen

- C spielt A halbhoch an, der das Zuspiel vor seinem Torschuss sicher verarbeiten soll.
- C spielt mit A vor dem Torschuss eine Ballübergabe.
- Torschüsse beider Spieler spätestens mit dem 3. (2.) Ballkontakt
- Die Zuspiele nicht in der Drehung, sondern nach vorne verarbeiten und auf das Tor gegenüber abschließen!

Trainingsbaustein 2

Torschüsse mit variablen Anspielern

Schwerpunkte/Ziele

1. Schulung verschiedener Techniken in Verbindung mit einem Torschuss
2. Spaß und Motivation

Organisation

- **Gruppe A:** mit Bällen neben Tor 1
- **Gruppe B:** mit Bällen neben Tor 2
- **Gruppe C:** Je 2 Spieler bewegen sich für Gruppe A bzw. B als Anspieler zwischen beiden Toren – die beiden anderen warten an der Seite des Übungsfeldes (regelmäßiger Wechsel!).

Ablauf

- Gleicher Ablauf von beiden Seiten/auf beide Tore!
- Die Gruppenersten von A + B kombinieren nacheinander mit beiden Anspielstationen und schießen auf das Tor.
- Anschließend stellen sie sich wieder bei der eigenen Gruppe an!
- Nach etwa 5 Minuten übernimmt eine andere Gruppe die Anspieler-Aufgabe!

Torschuss nach Technik-Zusatzaufgaben

Schwerpunkte/Ziele

1. Schulung verschiedener Techniken in Verbindung mit einem Torschuss
2. Spaß und Motivation

Organisation

- **Gruppe A:** mit Bällen in einer Ecke des Feldes
- **Gruppe B:** mit Bällen diagonal gegenüber
- **Gruppe C:** Je 3 Spieler postieren sich als Anspielstationen für die Gruppen A und B auf vorgebenen Positionen – 2 Anspieler haben dabei je einen Ball.

Ablauf

- Gleicher Ablauf von beiden Seiten/auf beide Tore!
- Die Ersten der Gruppen A + B passen steil zur Anspielstation C gegenüber.
- Anschließend köpfen sie jeweils einen Ball zu den beiden anderen Anspielern (= Zuwerfer) zurück, laufen kurz weiter und schießen den von C vorgelegten Ball auf das Tor.
- Nach dem Torschuss stellen sie sich wieder bei der eigenen Gruppe an!
- Nach etwa 10 Minuten übernimmt eine andere Gruppe die Anspieler-Aufgabe!

Tipps/Variationen

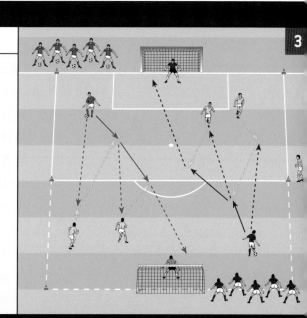

Tipps

- Den 1. Pass stets auf den tiefer postierten Anspieler spielen!
- Gruppen-Wettbewerbe organisieren: Welches Team erzielt die meisten Treffer?

Variationen

- Die Anspielstationen müssen direkt spielen, für die Angreifer sind maximal 2 Ballkontakte erlaubt.
- Alle Pässe direkt, nur vor dem Torschuss darf sich der Angreifer den Ball 1x kurz vorlegen!
- Den 1. Pass in die Tiefe halbhoch spielen – der Anspieler lässt volley zurückprallen.
- Mit 2 x 3 beweglichen Anspielern in der Mitte!

Tipps/Variationen

Tipps

- Wenn der Ablauf zu häufig stockt, eventuell nur einen seitlichen Anspieler postieren!
- Bei allen Anspielern genügend Ersatzbälle bereitlegen!

Variationen

- Beiden Zuwerfern volley per Spann/Innenseite zurückspielen
- Flache Pässe der beiden seitlichen Anspieler direkt zurückspielen
- Den Steilpass zum Anspieler als Flugball spielen
- Nur direkt (oder spätestens mit dem 2. Ballkontakt) auf das Tor schießen

Trainingsbaustein 2

Torschuss nach Zuspiel

Schwerpunkte/Ziele

1. Schulung verschiedener Techniken in Verbindung mit einem Torschuss
2. Spaß und Motivation

Organisation

- **Gruppen A + B:** Beide Gruppen (mit Bällen) neben je einem Tor diagonal gegenüber – jeweils ein Spieler postiert sich zunächst als Anspieler vor der Gruppe auf der Strafraumlinie.
- **Gruppe C:** markierter Raum an passender Stelle außerhalb des Standard-Übungsfeldes

Ablauf

Gruppen A + B: Torschuss-Aufgabe
- Gleicher Ablauf von beiden Seiten/auf beide Tore!
- Die Ersten der Gruppen A + B passen jeweils zum Anspieler, der das Zuspiel direkt zum Torschuss auflegt.
- Nach Abschluss rückt der Angreifer sofort auf die Anspieler-Position, der Anspieler stellt sich mit Ball hinter der Gruppe an usw.

Gruppe C: mögliche Technik-Aufgaben
- Kreisspiel 4-gegen-2
- Fußball-Tennis
- Zuspiel-Aufgaben in Pendelform
- Zuspiel-Aufgaben im Kreis

Torschuss nach Ballkontrolle

Schwerpunkte/Ziele

1. Schulung verschiedener Techniken (speziell der variablen Ballkontrolle) in Verbindung mit einem Torschuss
2. Spaß und Motivation

Organisation

- **Gruppen A + B:** Beide Gruppen (mit Bällen) neben je einem Tor diagonal gegenüber – je ein Spieler postiert sich vor der Gruppe neben einem Hütchen.
- **Gruppe C:** markierter Raum an passender Stelle außerhalb des Standard-Übungsfeldes

Ablauf

Gruppen A + B: Torschuss-Aufgabe
- Gleicher Ablauf von beiden Seiten/auf beide Tore!
- Die Ersten der Gruppen A + B passen zum Angreifer im Feld, der sich mit einer kurzen, explosiven Gegenbewegung anbietet, das Zuspiel mit der Innen-/Außenseite um das Hütchen mitnimmt und präzise auf das Tor schießt.
- Nach Abschluss rückt der Zuspieler sofort auf die Position in der Mitte, der Angreifer stellt sich mit Ball hinter der Gruppe an usw.

Gruppe C: Technik-Aufgaben – Möglichkeiten:
- Kreisspiel 4-gegen-2
- Fußball-Tennis

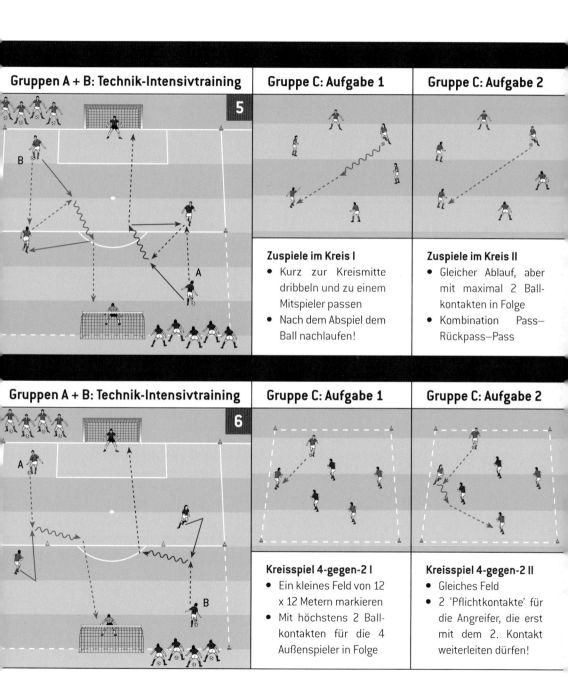

Gruppen A + B: Technik-Intensivtraining

5

Gruppe C: Aufgabe 1

Zuspiele im Kreis I
- Kurz zur Kreismitte dribbeln und zu einem Mitspieler passen
- Nach dem Abspiel dem Ball nachlaufen!

Gruppe C: Aufgabe 2

Zuspiele im Kreis II
- Gleicher Ablauf, aber mit maximal 2 Ballkontakten in Folge
- Kombination Pass–Rückpass–Pass

Gruppen A + B: Technik-Intensivtraining

6

Gruppe C: Aufgabe 1

Kreisspiel 4-gegen-2 I
- Ein kleines Feld von 12 x 12 Metern markieren
- Mit höchstens 2 Ballkontakten für die 4 Außenspieler in Folge

Gruppe C: Aufgabe 2

Kreisspiel 4-gegen-2 II
- Gleiches Feld
- 2 'Pflichtkontakte' für die Angreifer, die erst mit dem 2. Kontakt weiterleiten dürfen!

Trainingsbaustein 2

Torhüter-Feldspieler-Training I

Schwerpunkte/Ziele

1. Effiziente Verbindung der Torhüter-Schulung mit dem Feldspieler-Training
2. Schwerpunkt 1 für die Spieler: Präzise Flanken aus dem Dribbling
3. Schwerpunkt 2 für die Spieler: Verwerten einer Flanke

Organisation

- **Gruppe A:** rechts neben Tor 1 am Eckpunkt des Übungsfeldes (mit Bällen)
- **Gruppe B:** links neben Tor 1 am anderen Eckpunkt des Übungsfeldes
- **Gruppe C:** markierter Raum an passender Stelle außerhalb des Standard-Übungsfeldes

Ablauf

Gruppen A + B: Aufgabe mit Einbindung der Torhüter

- Der Erste der Gruppe A spielt den Ball so vor das Tor 1, dass der Torhüter fangen kann.
- Der Torhüter rollt anschließend auf B ab, der nach einem Tempodribbling auf den mitgelaufenen A vor das Tor 2 flankt.
- A soll möglichst per Kopf oder Volleyschuss verwerten.
- Nach etwa 7 Minuten wechselt eine andere Gruppe zur Technik-Aufgabe über.

Gruppe C: Technik-Aufgaben – Möglichkeiten:
- Kreisspiel 4-gegen-2
- Fußball-Tennis

Torhüter-Feldspieler-Training II

Schwerpunkte/Ziele

1. Effiziente Verbindung der Torhüter-Schulung mit dem Feldspieler-Training
2. Schwerpunkt 1 für die Spieler: Doppelpässe
3. Schwerpunkt 2 für die Spieler: Torschüsse
4. Spaß und Motivation

Organisation

- **Gruppe A:** an der rechten Seite in der Mitte des Übungsfeldes (mit Bällen)
- **Gruppe B:** links neben Tor 2 am Eckpunkt des Übungsfeldes
- **Gruppe C:** markierter Raum an passender Stelle außerhalb des Standard-Übungsfeldes

Ablauf

Gruppen A + B: Aufgabe mit Einbindung der Torhüter

- Der erste der Gruppe A spielt einen Flugball so vor Tor 1, dass der Torhüter fangen kann.
- Der Torhüter rollt anschließend kurz auf A ab, der seinem Zuspiel nachläuft.
- A nimmt das Torhüter-Zuspiel kurz mit, spielt einen Doppelpass mit B, der sich als 'Wand' anbietet, und schließt auf Tor 2 ab.
- Nach 7 Minuten wechseln alle 3 Gruppen die Positionen und Aufgaben.

Gruppe C: mögliche Technik-Aufgaben
- Kreisspiel 4-gegen-2
- Fußball-Tennis

Tipps/Variationen

Tipps

- Die Torhüter tauschen regelmäßig die Positionen!
- Die Aufgaben der Spielstärke anpassen!

Variationen

- Die Aktionen starten mit einem Pass auf Torhüter 1, den dieser mit dem Fuß (Schulung der Feldspieler-Qualitäten) weiterleiten muss.
- B spielt einen flachen Rückpass von der Grundlinie, den A direkt (oder spätestens mit dem 2. Ballkontakt) verwerten muss.
- Jeweils 2 Spieler von A laufen vor das andere Tor, um die Flanke zu verwerten.
- Wie zuvor, aber im 2-gegen-1 gegen einen Spieler der Gruppe C

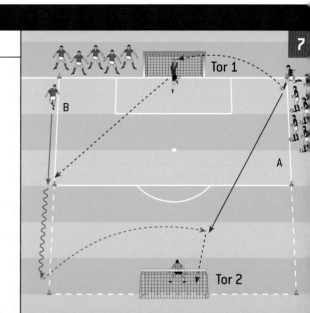

Tipps/Variationen

Tipps

- Von beiden Seiten üben (Beidfüßigkeit)!
- Die Aufgaben der Spielstärke anpassen!

Variationen

- Die Aktionen starten mit einem Pass auf Torhüter 1, den dieser mit dem Fuß (Schulung der Feldspieler-Qualitäten) verarbeiten muss.
- Erste Aktion: flacher, aber dosierter Torschuss in die Ecke, den Torhüter 1 sichern muss.
- A spielt eine Ballübergabe mit B, der auf Tor 2 abschließt.

Trainingsbaustein 2

Torhüter-Feldspieler-Training mit Doppelaktionen

Schwerpunkte/Ziele	Ablauf
1. Effiziente Verbindung der Torhüter-Schulung mit dem Feldspieler-Training 2. Schwerpunkte für die Feldspieler: Schnelles Umschalten auf eine neue Spielsituation/präzise und variable Torabschlüsse 3. Spaß und Motivation	**Gruppen A + B: Doppel-Aktionen** • Der Erste der Gruppe A dribbelt diagonal bis zur Strafraumlinie und schießt auf Tor 1. • Nach seinem Torschuss wendet er sich blitzschnell in Richtung des Tores 2, um die Flanke von B zu verwerten. • Nach 7 Minuten wechseln alle 3 Gruppen die Positionen und Aufgaben.

Organisation

• **Gruppe A:** rechts neben Tor 1 an einem Eckpunkt des Übungsfeldes (mit Bällen)
• **Gruppe B:** an der Mittellinie, diagonal von Gruppe A
• **Gruppe C:** markierter Raum an passender Stelle außerhalb des Standard-Übungsfeldes

Gruppe C: mögliche Technik-Aufgaben
• Kreisspiel 4-gegen-2
• Fußball-Tennis

Torschuss/1-gegen-1-Kombination

Schwerpunkte/Ziele	Ablauf
1. Schnelles Umschalten auf neue Situationen und Aufgaben 2. Technische Präzision auch bei konditioneller Belastung 3. Konzentration und Willensstärke 4. 1-gegen-1-Schulung	• Der erste Spieler der Gruppe B durchdribbelt mit Tempo den Slalomparcours und schießt noch vor der Strafraumlinie auf Tor 1. • Anschließend spielt A eine Flanke vor das Tor 1, die B bei seiner 2. Aktion per Kopf oder Volleyschuss verwerten soll. • Nach dieser Aktion wendet sich B blitzschnell dem anderen Tor zu und bekommt von C einen Pass zugespielt. • Bei seiner 3. und letzten Aktion schließlich soll B den nachrückenden Passgeber C im 1-gegen-1 ausspielen und zum Abschluss bei Tor 2 kommen.

Organisation

• **Gruppe A:** rechts neben Tor 1 an einem Eckpunkt des Übungsfeldes (mit Bällen)
• **Gruppe B:** rechts neben Tor 2 in der Ecke diagonal gegenüber (mit Bällen) – vor der Gruppe einen kleinen Slalomparcours aufbauen!
• **Gruppe C:** links neben Tor 2 (mit Bällen)

• Nach 3 Aktionen der Spieler B tauschen alle Gruppen die Positionen und Aufgaben!

Tipps/Variationen

Tipps
- Von beiden Seiten üben (Beidfüßigkeit)!
- Bei beiden Torschüssen höchste Konzentration fordern!

Variationen
- B spielt einen flachen Rückpass von der Grundlinie, den A bei seinem 2. Torschuss direkt (oder mit dem 2. Ballkontakt) verwerten muss.
- Bei seiner 1. Aktion legt sich A den Ball einige Meter vor, startet nach und schießt mit dem 2. Kontakt auf das Tor!
- Bei seiner 1. Aktion muss Spieler A den Torhüter im 1-gegen-1 ausspielen.

Tipps/Variationen

Tipps
- Präzise Flanken und Zuspiele fordern!
- Bei allen Aktionen Mut zum Risiko zeigen!

Variationen
- Anstelle des Slalomdribblings bei der 1. Aktion den Ball in der Vorwärtsbewegung bis zur Strafraumlinie jonglieren und volley abschließen.
- Den Slalomparcours nicht durchdribbeln, sondern leichtfüßig durchlaufen (den Ball zuvor am Slalom vorbeispielen).
- Anstelle einer Flanke wirft A den Ball vor das Tor (für leistungsschwächere Teams).
- A flankt nicht vor das Tor, sondern legt flach und präzise zum Torschuss auf.

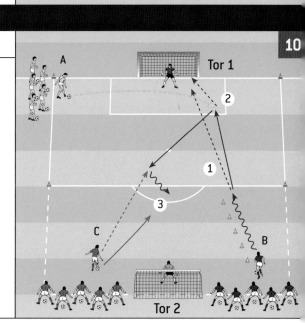

Trainingsbaustein 3

Torschuss und 1-gegen-1 im Anschluss

Schwerpunkte/Ziele

1. Taktisch geschicktes 1-gegen-1 in Defensive und Offensive
2. Schnelles Umstellen auf eine neue Situation
3. Motivierendes Technik-Training

Organisation

- **Gruppe A:** rechts neben Tor 1 am Eckpunkt des Übungsfeldes (mit Bällen)
- **Gruppe B:** rechts neben Tor 2 in der Ecke diagonal gegenüber (mit Bällen)
- **Gruppe C:** in einem markierten Raum
- **Trainer:** als Anspieler auf einer Grundlinie

Ablauf

Gruppen A + B: Doppel-Aktionen I
- Die Ersten der Gruppen A + B dribbeln gleichzeitig diagonal bis zur Strafraumlinie und schießen auf das jeweilige Tor.
- Nach seinem Torschuss bekommt A vom Trainer ein flaches Zuspiel, das er zum anderen Tor hin an- und mitnimmt.
- B schaltet nach seinem Torschuss sofort auf Defensive um und versucht, im 1-gegen-1 einen Torerfolg seines Gegners A bei Tor 1 zu verhindern.

Gruppe C: Technik-Aufgaben – Möglichkeiten:
- Kreisspiel 4-gegen-2
- Fußball-Tennis

Dribbling – Torschuss und 1-gegen-1 im Anschluss

Schwerpunkte/Ziele

1. Taktisch geschicktes 1-gegen-1 in Defensive und Offensive
2. Schnelles Umstellen auf eine neue Situation
3. Motivierendes Technik-Training: Dribbling und präziser Torschuss

Organisation

- **Gruppe A:** mit Bällen links neben Tor 1 hinter einem 'Hütchen-Dschungel'
- **Gruppe B:** links neben Tor 2 in der Ecke diagonal gegenüber (ebenfalls mit 1 Ball pro Spieler)
- **Gruppe C:** in einem markierten Raum

Ablauf

Gruppen A + B: Doppel-Aktionen II
- Die Ersten der Gruppen A + B dribbeln gleichzeitig los.
- Spieler A umdribbelt dabei leichtfüßig die Hütchen. B dribbelt direkt bis zur Mitte und schießt, so dass er schneller zum Torabschluss kommt!
- Dieser kleine Aktionsvorsprung reicht B, um schnell auf Defensive umzuschalten und seinen Gegner im 1-gegen-1 beim Torschuss zu stören.

Gruppe C: mögliche Technik-Aufgaben
- Kreisspiel 4-gegen-2
- Fußball-Tennis

Tipps/Variationen

Tipps
- Nach je 5 Aktionen pro Spieler die Positionen und Aufgaben der Gruppen tauschen!
- Einen Wettbewerb organisieren: Welche Gruppe erzielt die meisten Tore?

Variationen
- A und B spielen sich den Ball mit dem 1. Kontakt vor und müssen mit dem 2. Kontakt schießen.
- Der Trainer spielt A zum 1-gegen-1 halbhoch an.
- Nach dem Torschuss schaltet sich von der Grundlinie ein Mitspieler von A zum 2-gegen-1 auf das Tor mit ein (Achtung: Abseitsregel gilt!).
- Nun schaltet sich ein Mitspieler von B mit ein: Verteidigen zu zweit!

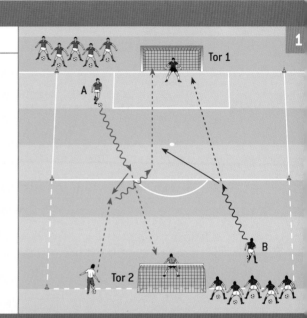

Tipps/Variationen

Tipps
- Nach je 5 Aktionen pro Spieler die Positionen und Aufgaben der Gruppen tauschen!
- Einen Wettbewerb organisieren: Welche Gruppe erzielt die meisten Tore?

Variationen
- Spieler A muss zusätzlich 3 Hütchen komplett umdribbeln – B jongliert in der schnellen Vorwärtsbewegung und schießt volley auf das Tor.
- Nachdem A die Hütchen durchdribbelt hat, rückt ein weiterer Mitspieler von der Grundlinie nach: 2-gegen-1 auf das Tor!
- Nun schaltet sich ein Mitspieler von B mit ein: Verteidigen zu zweit!

Trainingsbaustein 3

Flugball – Torschuss und 1-gegen-1

Schwerpunkte/Ziele

1. Taktisch geschicktes 1-gegen-1 in Defensive und Offensive
2. Schnelles Umstellen auf eine neue Situation
3. Motivierendes Technik-Training

Organisation

- **Gruppe A:** links neben Tor 1 am Eckpunkt des Übungsfeldes (mit Bällen)
- **Gruppe B:** links neben Tor 2 in der Ecke diagonal gegenüber
- **Gruppe C:** in einem markierten Raum

Ablauf

Gruppen A + B: Doppel-Aktionen III
- Der Erste der Gruppe A spielt einen Flugball zum Ersten diagonal gegenüber. Spieler B kontrolliert das Zuspiel und schießt aus relativ großer Distanz auf das Tor von Torhüter 1.
- Nach seinem Torschuss bekommt B von Torhüter 2 sofort einen 2. Ball zugespielt, den er zum anderen Tor hin mitnimmt.
- B muss anschließend im 1-gegen-1 gegen A, der in höchstem Tempo vor das Tor rückt, zu einem weiteren Torabschluss kommen!

Gruppe C: mögliche Technik-Aufgaben
- Kreisspiel 4-gegen-2
- Fußball-Tennis

1-gegen-1 nach Lösen aus der Abseitsposition

Schwerpunkte/Ziele

1. Taktisch geschicktes 1-gegen-1 in Defensive und Offensive
2. Verteidigen im Rücken eines Angreifers
3. Angreifen mit einem Gegner im Rücken

Organisation

- **Gruppe A:** als Angreifer an der linken Seite des Übungsfeldes auf Höhe der Mittellinie
- **Gruppe B:** als Verteidiger gegenüber
- **Gruppe C:** in einem markierten Raum
- **Trainer:** als Anspieler auf einer Grundlinie neben einem Tor (mit allen Bällen!)

Ablauf

Gruppen A + B: 1-gegen-1 mit einem Gegner im Rücken
- Die Strafraumlinie ist gleichzeitig Abseitslinie!
- Der Erste der Gruppe B postiert sich als Verteidiger vor der Abseitslinie, der Erste von A als Angreifer in seinem Rücken.
- A muss aus seiner Abseitsposition herauslaufen und sich für ein Anspiel des Trainers anbieten!
- 1-gegen-1 bis zum Torabschluss!

Gruppe C: mögliche Technik-Aufgaben
- Kreisspiel 4-gegen-2
- Fußball-Tennis

Tipps/Variationen

Tipps

- Nach je 5 Aktionen pro Spieler die Positionen und Aufgaben der Gruppen tauschen!
- Beim 1-gegen-1 soll der Angreifer mit Finten und Tempowechseln agieren!

Variationen

- A dribbelt kurz an und passt flach, aber scharf auf B zu dessen (direkten) Torschuss.
- Torhüter 2 wirft hoch und weit auf A ab, der nun als Angreifer gegen B zum Torabschluss kommt – B muss damit schnell zwischen Offensive (= Torschuss) und Defensive (= Verteidigen im 1-gegen-1) umschalten!

Tipps/Variationen

Tipps

- Nach je 5 Aktionen pro Spieler die Positionen und Aufgaben der Gruppen tauschen!
- Eventuell die Gruppen A + B positionsspezifisch nach Defensiv- bzw. Offensivspielern aufteilen – dann auf einen kompletten Gruppenwechsel verzichten und die Spieler von C je nach Position einzeln einwechseln!

Variationen

- Der Trainer spielt A halbhoch zum 1-gegen-1 an.
- Je 2 Spieler von A lösen sich aus dem Rücken von B zum 2-gegen-1 auf das Tor (auch hier mit Abseits!).

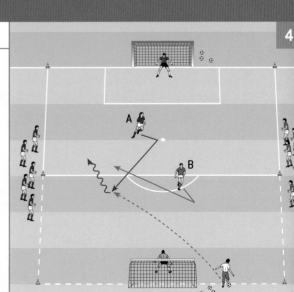

Trainingsbaustein 3

1-gegen-1 mit „offenem" Zuspiel

Schwerpunkte/Ziele

1. Schnelles Erfassen einer Situation
2. Flexibles und kreatives Lösen einer 1-gegen-1-Situation
3. Schnelle Torabschlüsse

Organisation

- **Gruppe A:** 3 Spieler (Angreifer) rechts neben Tor 1
- **Gruppe B:** 3 Spieler (Verteidiger) links neben Tor 1
- **Gruppe C:** 3 Spieler als Anspieler rund um das Übungsfeld (von 1 bis 3 durchnummerieren!)
- Zusatz-Aufgaben für die 9 restlichen Spieler (= Feld 2)!

Ablauf

Grundablauf bei Feld I

- Auf Zuruf einer Nummer durch den Trainer passt der betreffende Anspieler sofort zum ersten Angreifer A vor das Tor.
- A muss sich dabei von seinem Gegenspieler B lösen und im 1-gegen-1 ein Tor erzielen!
- Erobert B den Ball, kontert er auf das 2. Tor.
- Die Spieler wechseln nach festem Modus!

Erweiterung

- A kann einen Anspieler zum 2-gegen-1 auf das Tor einbinden!
- A halbhoch zum 1-gegen-1 anspielen

1-gegen-1 mit Gegner im Rücken

Schwerpunkte/Ziele

1. Schnelles Erfassen einer Situation
2. Lösen von einem Gegner und Anbieten
3. 1-gegen-1 mit einem Gegner im Rücken

Organisation

- **Gruppen A + B:** aufgeteilt zum 6 x 1-gegen-1 – je 3 gegnerische Paare postieren sich rechts bzw. links neben Tor 1 – zunächst sind alle Spieler der Gruppe A Angreifer
- **Gruppe C:** 2 Spieler als Anspieler rechts und links neben Tor 2 (Zusatz-Aufgaben für die 4 anderen)

Ablauf

Grundablauf bei Feld I

- Angreifer A des 1. Paares spielt einen Flugball auf einen Anspieler C, startet vor das Tor, löst sich dabei von B und bietet sich für ein erneutes Anspiel an.
- 1-gegen-1 auf das Tor 1!
- Erobert B den Ball, kontert er auf das 2. Tor.
- Die Spieler wechseln nach festem Modus!

Erweiterung

- A kann einen Anspieler zum 2-gegen-1 auf das Tor einbinden!
- 2 Paare starten vor das Tor: 2-gegen-2.

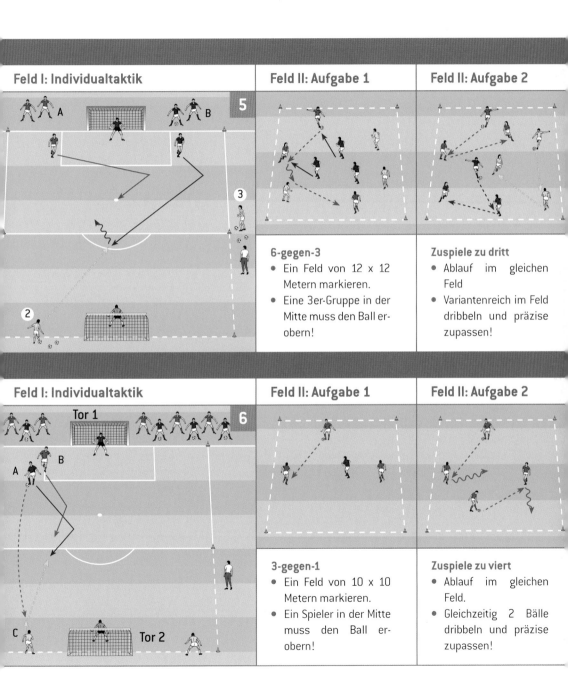

Feld I: Individualtaktik

5

Feld II: Aufgabe 1

6-gegen-3
- Ein Feld von 12 x 12 Metern markieren.
- Eine 3er-Gruppe in der Mitte muss den Ball erobern!

Feld II: Aufgabe 2

Zuspiele zu dritt
- Ablauf im gleichen Feld
- Variantenreich im Feld dribbeln und präzise zupassen!

Feld I: Individualtaktik

6

Tor 1

Tor 2

Feld II: Aufgabe 1

3-gegen-1
- Ein Feld von 10 x 10 Metern markieren.
- Ein Spieler in der Mitte muss den Ball erobern!

Feld II: Aufgabe 2

Zuspiele zu vier
- Ablauf im gleichen Feld.
- Gleichzeitig 2 Bälle dribbeln und präzise zupassen!

Trainingsbaustein 4

Torschüsse aus dem 2-gegen-1

Schwerpunkte/Ziele	Ablauf
1. Schulung des Kombinierens zum Herausspielen von Torchancen 2. Angreifen in Überzahl (ÜZ) 3. Verwerten von Tormöglichkeiten	**Gruppen A + B: 2-gegen-1 mit Torabschluss** • Der Erste der Gruppe A spielt einen präzisen Flugball auf den ersten Spieler von B und läuft dem Ball nach. Gleichzeitig rückt ein Mitspieler als weiterer Angreifer mit vor! • B lässt das Zuspiel volley zu einem der beiden Angreifer prallen und startet als Verteidiger vor sein Tor. Die beiden Angreifer müssen im 2-gegen-1 ein Tor erzielen.
Organisation	• Erobert B den Ball, kontert er auf das gegenüberliegende Tor.
• **Gruppe A:** rechts neben Tor 1 am Eckpunkt des Übungsfeldes (mit Bällen) • **Gruppe B:** rechts neben Tor 2 in der Ecke diagonal gegenüber • **Gruppe C:** in einem markierten Raum	**Gruppe C: mögliche Technik-Aufgaben** • Kreisspiel 4-gegen-2 • Fußball-Tennis

Herausspielen von Torchancen im 3-gegen-2

Schwerpunkte/Ziele	Ablauf
1. Schnelles Herausspielen von Torchancen 2. Angreifen in Überzahl 3. Variables Anwenden gruppentaktischer Angriffsmittel 4. Verwerten von Tormöglichkeiten	**Gruppen A + B: 3-gegen-2 mit Torabschluss** • Der Gruppenerste von C spielt mit einem Flugball den Torhüter gegenüber an und rückt zusammen mit einem Mitspieler als Verteidiger vor das Tor 2! • Der Torhüter nimmt das Zuspiel auf und rollt auf die ersten 3 Angreifer der Gruppe A ab, die im 3-gegen-2 zum Abschluss kommen sollen.
Organisation	• Erobert C den Ball, kontert die Gruppe auf das Tor gegenüber.
• **Gruppe A:** rechts neben Tor 1 – nochmals unterteilt in 2 x 3 Spieler • **Gruppe B:** links neben Tor 1 – nochmals unterteilt in 2 x 3 Spieler • **Gruppe C:** rechts und links neben dem anderen Tor – unterteilt in 3 x 2 Spieler mit Bällen	

Tipps/Variationen

Tipps
- Für die Angreifer im 2-gegen-1: Die Kombination breit anlegen, mit einem sicheren Zusammenspiel eine Torchance vorbereiten!
- Für den Verteidiger im 1-gegen-2: Auf eine Chance zum konsequenten Eingreifen warten! Durch geschicktes Stellungsspiel einen Angreifer 'abschneiden'!

Variationen
- Der Flugball als 1. Aktion entfällt: Das 2-gegen-1 beginnt sofort, indem A und sein Mitspieler auf B zudribbeln.
- Von B rücken immer 2 Spieler als Verteidiger vor das Tor, so dass es zu einem 2-gegen-2 kommt.

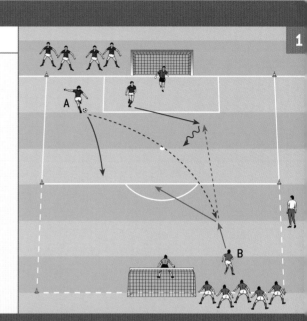

Tipps/Variationen

Tipps
- Nach je 5 Angriffsaktionen der 3er-Teams von A/B wechselt eine Gruppe mit C gegenüber die Positionen und Aufgaben!
- Für die Angreifer im 3-gegen-2: Die Kombination breit anlegen – mit einem sicheren Zusammenspiel eine Torchance vorbereiten!

Variationen
- Der Torhüter muss den Flugball wie einen Rückpass verarbeiten (spezielle Schulung der Feldspieler-Qualitäten) und leitet per Fuß an die Angreifer weiter.
- Kein Flugball als 1. Aktion: Das 3-gegen-2 startet sofort mit dem Zurollen des Balles.

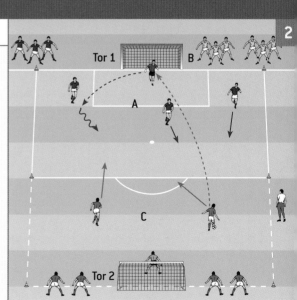

Trainingsbaustein 4

Herausspielen von Torchancen im 2-gegen-2

Schwerpunkte/Ziele

1. Schnelles Herausspielen von Torchancen
2. Angreifen in Gleichzahl
3. Variables Anwenden gruppentaktischer Angriffsmittel
4. Lösen von einem Gegenspieler

Organisation

- **Gruppen A + B:** aufgeteilt zum 3 x 2-gegen-2, davon eine 2-gegen-2-Gruppe im Feld, die anderen beiden neben je einem Tor
- **Gruppe C:** in einem markierten Raum

Ablauf

Gruppen A + B: 2-gegen-2 mit Torabschluss
- In der 1. Phase sind alle Paare der Gruppe A zunächst Angreifer!
- Torhüter 1 rollt den Ball einem der beiden Angreifer zu, die sich vor dem Tor gegenüber lösen und freilaufen.
- Es schließt sich ein 2-gegen-2 auf dieses Tor an.
- Nach Ende der Aktion – egal, ob Tor oder nicht – rücken die beiden nächsten Paare ins Feld und Torhüter 2 leitet ein 2-gegen-2 auf das andere Tor ein!

Gruppe C: Technik-Aufgaben – Möglichkeiten:
- Kreisspiel 4-gegen-2
- Fußball-Tennis

3-gegen-2 mit 2 nachsetzenden Gegnern

Schwerpunkte/Ziele

1. Schnelles, zielstrebiges Herausspielen von Torchancen
2. Variables Anwenden gruppentaktischer Angriffsmittel
3. Schnelles Umschalten auf Defensive (simuliert durch die beiden nachsetzenden Spieler)

Organisation

- **Gruppe A:** an der Mittellinie neben dem Übungsfeld – nochmals unterteilt in 2 x 3 Spieler
- **Gruppe B:** neben Tor 1 – nochmals unterteilt in 3 x 2 Spieler
- **Gruppe C:** neben Tor 2 gegenüber – nochmals unterteilt in 3 x 2 Spieler

Ablauf

Gruppen A + B: Kurzfristiges 3-gegen-2 mit schnellem Torabschluss
- Die ersten 3 Angreifer der Gruppe A versuchen, schnellstmöglich das 3-gegen-2 gegen 2 Spieler von B auszuspielen und ein Tor zu erzielen!
- Mit dem ersten Ballkontakt der Angreifer setzen 2 Spieler von C als zusätzliche Verteidiger nach, um einen Torabschluss zu verhindern.
- Erobern die Verteidiger den Ball, kontern sie auf das Tor gegenüber.
- Nach Abschluss beginnen die nächsten Spieler eine neue Aktion!

Tipps/Variationen

Tipps

- Nach 5 Aktionen pro Paar tauscht eine Gruppe die Positionen und Aufgaben mit C.
- Genügend Bälle in beiden Toren deponieren!
- Erobern die Verteidiger den Ball, kontern sie auf das andere Tor.

Variationen

- Die Aktion startet mit einem hohen Torhüter-Abspiel auf die beiden Angreifer.
- Der Torhüter kann zur Sicherung des Balles erneut angespielt werden.

Tipps/Variationen

Tipps

- Für die Verteidiger zu Beginn der Aktion: Durch Zurückweichen das Angriffsspiel des Gegners verzögern – Zeit gewinnen!
- Für die Angreifer: Den Angriff breit anlegen und schnellstmöglich einen Mitspieler freispielen oder mit einer Einzelaktion abschließen!

Variationen

- Torhüter 1 leitet jede Aktion ein, indem er einem der 3 Angreifer zurollt.
- Torhüter 2 startet die Aktionen, indem er auf einen der Angreifer gegenüber abwirft.
- Nur ein Spieler von C setzt nach, so dass es zu einer 3-gegen-3-Situation kommt.

Trainingsbaustein 4

4-gegen-4 + 4 Anspieler (Variationen I)

Schwerpunkte/Ziele

1. Variables, sicheres Kombinieren zum Herausspielen von Torchancen
2. Verwerten von Tormöglichkeiten
3. Kontrolliertes Zusammenspiel zur Sicherung des Balles

Organisation

- **Gruppe A:** 4 Spieler im Feld – aktive Pause für die anderen beiden
- **Gruppe B:** 4 Spieler im Feld – aktive Pause für die anderen beiden
- **Gruppe C:** 4 Spieler als Anspieler – aktive Pause für die anderen beiden

Ablauf

Trainingsform 5: Torejagd – Ballsicherung
- A und B spielen 4-gegen-4 im Feld.
- Team A soll möglichst viele Treffer erzielen – egal bei welchem Tor.
- Team B dagegen soll unter Einbindung der Anspieler (C) so lange wie möglich am Ball bleiben und keine Gegentore zulassen.
- Nach je 5 Minuten: Aufgabenwechsel!

Trainingsform 6: 4+2 gegen 4+2 Torejagd I
- A und B spielen 4-gegen-4 auf je ein Tor und sollen möglichst viele Treffer erzielen.
- Team A kann dabei 2 Anspieler von C an den Seiten, Team B 2 Anspieler links und rechts neben dem gegnerischen Tor einbinden!

4-gegen-4 + 4 Anspieler (Variationen II))

Schwerpunkte/Ziele

1. Variables, sicheres Kombinieren zum Herausspielen von Torchancen
2. Verwerten von Tormöglichkeiten
3. Genaue Zuspiele in die Tiefe
4. Nachrücken in die Angriffsspitze
5. Tempowechsel im Angriff

Organisation

- **Gruppe A:** 4 Spieler im Feld – aktive Pause für die anderen beiden
- **Gruppe B:** 4 Spieler im Feld – aktive Pause für die anderen beiden
- **Gruppe C:** 4 Spieler als Anspieler – aktive Pause für die anderen beiden

Ablauf

Trainingsform 7: 4+2 gegen 4+2 Torejagd II
- A und B spielen 4-gegen-4 auf je ein Tor und sollen möglichst viele Treffer erzielen.
- Beide Teams können dabei je 2 Anspieler der Gruppe C links und rechts neben dem Tor des Gegners einbinden!

Trainingsform 8: 4+4-gegen-4 Torejagd
- Die 4 Anspieler postieren sich jetzt alle in einer Hälfte: zwei an der Seite, die beiden anderen rechts/links neben Tor 2.
- Team A spielt zu viert auf Tor 1, Team B mit den 4 Anspielern auf Tor 2. Allerdings sind für Team B maximal 2 Ballkontakte erlaubt, außerdem sind nur direkte Tore gültig!

Trainingsbaustein 5

2 x 1-gegen-1 in schneller Folge

Schwerpunkte/Ziele

1. Schnelles und kreatives Lösen von immer neuen Spielsituationen
2. Kreativität
3. Mut zum Risiko

Organisation

- **Gruppen A + B:** aufgeteilt zum 6 x 1-gegen-1 an einer Seite des Übungsfeldes
- **Trainer:** mit Bällen an der Seitenlinie gegenüber
- **Gruppe C:** in einem markierten Raum

Ablauf

Gruppen A + B: 1-gegen-1 mit Torabschluss
- Die beiden Ersten von A/B laufen ins Feld.
- Gleichzeitig wirft der Trainer von der Seite gegenüber einen Ball variabel zu.
- A und B reagieren blitzschnell und starten zum Ball, um anschließend beim Tor des Gegners einen Treffer zu erzielen.
- Nach einem Torabschluss/Seitenaus spielt der Trainer sofort einen zweiten Ball zum erneuten 1-gegen-1 der beiden Spieler zu.
- Erst danach beginnt das nächste Paar!

Gruppe C: mögliche Technik-Aufgaben
- Kreisspiel 4-gegen-2
- Fußball-Tennis

Dribbelspiel 2-gegen-2

Schwerpunkte/Ziele

1. Schnelles und kreatives Lösen von immer neuen Spielsituationen
2. Spielkreativität
3. Mut zum Risiko

Organisation

- **Gruppe A:** aufgeteilt in 3 Paare rechts und links neben Tor 1
- **Gruppe B:** aufgeteilt in 3 Paare rechts und links neben Tor 2
- **Gruppe C:** in einem markierten Raum

Ablauf

Gruppen A + B: 2-gegen-2 mit Torabschluss
- Das erste Paar von A dribbelt von Tor 1 aus gegen das erste Paar von B ins Feld.
- 2-gegen-2 bis zum Torabschluss: Gelingt einem der beiden Paare ein Treffer, starten sofort die nächsten beiden Mitspieler des erfolgreichen Paares als Angreifer gegen 2 neue Verteidiger ins Feld.
- Gelingt kein Tor oder bei einem Seitenaus dribbelt für die nächste 2-gegen-2-Aktion automatisch das Paar der anderen Gruppe ins Feld!

Gruppe C: Technik-Aufgaben – Möglichkeiten:
- Kreisspiel 4-gegen-2
- Fußball-Tennis

Tipps/Variationen

Tipps

- Gruppenwettbewerb: Welches Team hat nach 5 Aktionen pro Paar die meisten Tore erzielt?
- Mut beim Torschuss fordern!

Variationen

- Die Angreifer können bei beiden Toren einen Treffer erzielen.
- Der Trainer spielt den ersten Ball zunächst flach, den zweiten halbhoch zu.
- Der Angriff mit dem zweiten Ball muss beim anderen Tor abgeschlossen werden.
- Jeweils 2 Spieler starten zum anschließenden 2-gegen-2 ins Feld.

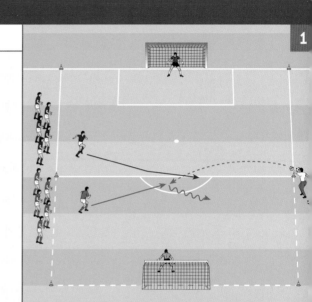

Tipps/Variationen

Tipps

- Auf eine richtige Belastungsdosierung achten: kurzen, hochintensiven Phasen müssen längere, aktive Pausen folgen!
- Neben beiden Toren für die Paare genügend Bälle bereitlegen!
- Die wartenden Spieler müssen hellwach sein, um sofort richtig reagieren und eine neue Aktion starten zu können!

Variationen

- Gleicher Ablauf im 3-gegen-3
- Die Torhüter starten jede Aktion, indem sie dem richtigen Paar den Ball zuspielen.

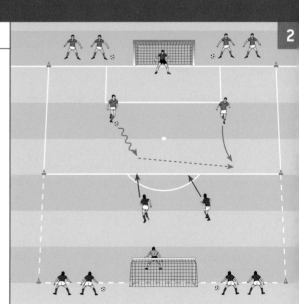

Trainingsbaustein 5

4-gegen-3 aus unterschiedlichen Angriffsrichtungen

Schwerpunkte/Ziele

1. Schnelles und kreatives Lösen von immer neuen Spielsituationen
2. Spielkreativität

Organisation

- **Gruppe A:** aufgeteilt in 2 x 3 Spieler – die einen im Feld, die anderen mit Bällen auf vorgegebenen Positionen
- **Gruppe B:** aufgeteilt in 2 x 3 Spieler – die einen im Feld, die anderen mit Bällen neben dem Tor
- **Gruppe C:** in einem markierten Raum

Ablauf

Gruppen A + B: 3-gegen-3 plus 1

- Die Spieler postieren sich zum 3-gegen-3 im Feld. Die Aktionen starten jedoch erst auf Zuruf des Trainers.
- Dazu rückt jeweils von Team A ein weiterer Spieler von der Torlinie aus mit Ball ins Feld!
- Ruft der Trainer '1', passt Spieler 1 von der rechten Ecke aus einem Mitspieler im Feld zu und es startet ein 4-gegen-3 auf das Tor.
- Ruft der Trainer '2', dribbelt Spieler 2 von der anderen Ecke aus ins Feld, bei '3' wirft der 3. Spieler von der Seite aus auf einen Mitspieler zum 4-gegen-3 ein!

Gruppe C: Technik-Aufgaben

4-gegen-4 mit Anspielern in der Tiefe

Schwerpunkte/Ziele

1. Schnelles und kreatives Lösen von variablen, immer neuen Spielsituationen
2. Spielkreativität
3. Tempowechsel im Angriff

Organisation

- **Gruppe A:** 4 Spieler im Feld – aktive Pause für die anderen beiden
- **Gruppe B:** 4 Spieler im Feld – aktive Pause für die anderen beiden
- **Gruppe C:** 4 Spieler als Anspieler (je 2 neben einem Tor) – aktive Pause für die anderen beiden

Ablauf

4-gegen-4 plus 2 Anspieler

- 4-gegen-4 auf die beiden Tore mit Torhütern
- Die Angreifer müssen Torabschlüsse über die beiden eigenen Anspieler neben dem gegnerischen Tor vorbereiten: Treffer gelten nur per Direktschuss nach Rückpass durch einen Anspieler von der Grundlinie!
- Nach je 3 Minuten wechselt eine Gruppe aus dem Feld mit der Anspieler-Gruppe.
- Welche Mannschaft erzielt im Modus „jeder-gegen-jeden" die meisten Tore?

Aktive Pause der 6 restlichen Spieler:

- Kreisspiel 4-gegen-2
- Zuspiel-/Jonglier-Aufgaben zu zweit

Tipps/Variationen

Tipps

- Erobert Gruppe B den Ball, hat sie eine Konter-möglichkeit auf das andere Tor.
- Bei Gruppe B wechseln nach jeder Aktion die anderen 3 Spieler ins Feld, bei A tauschen erst nach 5 Aktionen die Spieler die Positionen – danach Aufgabenwechsel der kompletten Gruppen!
- Die Spieler der Gruppe B müssen schnell auf verschiedene Situationen und Angriffsrichtungen reagieren!

Variation

- Der Trainer ruft nicht, sondern gibt durch unterschiedliche optische Signale die Aktion vor.

Tipps/Variationen

Tipps

- Auf eine richtige Belastungsdosierung achten: kurzen, hochintensiven Phasen müssen längere, aktive Pausen folgen!
- Neben beiden Toren für die Paare genügend Bälle bereitlegen!

Variationen

- Tore sind auch aus dem Spiel heraus möglich, direkte Treffer nach Vorlage eines Anspielers jedoch doppelt werten!
- Den Anspielern sind nur 2 Ballkontakte in Folge erlaubt.
- Nur Kopfball- oder Volleyschüsse nach Anspieler-Vorlage sind gültig (für spielstarke Gruppen!).

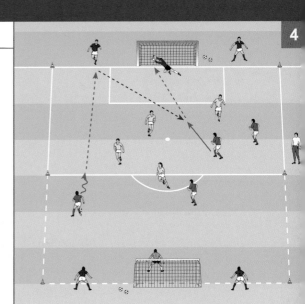

Trainingsbaustein 5

Wachsende Teams

Schwerpunkte/Ziele

1. Schnelles und kreatives Lösen von immer neuen Spielsituationen
2. Spielkreativität
3. Tempowechsel im Angriff

Organisation

- **Gruppe A:** 5 Spieler rechts und links neben Tor 1 – der 6. Spieler im Feld
- **Gruppe B:** 5 Spieler rechts und links neben Tor 2 – der 6. Spieler im Feld
- **Gruppe C:** in einem markierten Raum

Ablauf

Vom 1-gegen-1 bis zum 6-gegen-6 und zurück

- Die Aktionen beginnen jeweils mit einem 1-gegen-1 auf die beiden Tore.
- Nach jeweils 30 Sekunden ruft der Trainer von jeder Gruppe einen weiteren Spieler auf, die ins Feld starten und aus dem 1-gegen-1 ein 2-gegen-2 machen.
- Nach diesem Modus beide Gruppen bis zu einem 6-gegen-6 ergänzen – dann etwa 5 Minuten spielen lassen!
- Anschließend nacheinander Spieler aus dem Feld rufen, so dass sich das 6-gegen-6 wieder bis zu einem 1-gegen-1 reduziert!

Gruppe C: Technik-Aufgaben

Spiel mit 3 Teams

Schwerpunkte/Ziele

1. Schnelles Einstellen auf neue Spielsituationen
2. Präzise Torabschlüsse
3. Tempowechsel im Angriff

Organisation

- **Gruppe A:** 6 Spieler im Feld
- **Gruppe B:** 6 Spieler Feld
- **Gruppe C:** aufgeteilt in 2 x 3 an jeder Seitenlinie

Ablauf

6-gegen-6

- Das Spiel beginnt mit einem 6-gegen-6 der Gruppen A + B auf die beiden Tore – A darf dabei jedoch im weiteren Verlauf mit Team C zusammenspielen!
- Passt dazu ein Spieler von A einem Spieler von C an der Seitenlinie zu, wechseln beide sofort die Positionen und Aufgaben.
- Spielzeit: 5 Minuten.
- Nach dem Spiel A + C gegen B, spielen B + A gegen C und abschließend C + B gegen A.
- Welches Team erzielt die meisten Treffer?

Tipps/Variationen

Tipps

- Die Außenspieler müssen das Spiel konzentriert verfolgen und in jeder Sekunde aktionsbereit sein!
- Passende Situationen abwarten, die sich für die Ergänzung der Teams eignen!
- Neben beiden Toren genügend Bälle bereitlegen!

Variationen

- Vom 4-gegen-4 bis 6-gegen-6 und dann wieder bis zum 4-gegen-4 mit Begrenzung der maximal erlaubten Ballkontakte spielen!
- Das Spiel startet mit einem 2-gegen-2 und jeweils 2 Spieler rücken auf ein Zeichen nach!

Tipps/Variationen

Tipps

- Die Außenspieler müssen das Spiel konzentriert verfolgen und in jeder Sekunde aktionsbereit sein!
- Neben beiden Toren für die Paare genügend Bälle bereitlegen!

Variationen

- Der angespielte Außenspieler rückt als zusätzlicher Mitspieler zum 7-gegen-6 ins Feld – erst nach einem Torerfolg begibt er sich wieder an die Seitenlinie zurück.
- Gleicher Ablauf als 4-gegen-4 + 4 Außenspieler: aktive Pausen für die restlichen 6 Spieler!

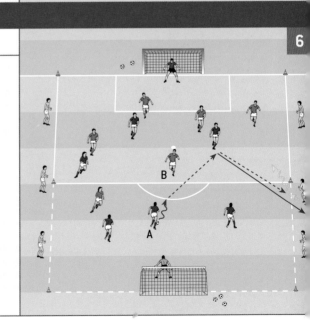

Trainingsbaustein 6

Koordinative Aufgaben und Torschuss I

Schwerpunkte/Ziele

1. Training der Schnellkraft als Basis der Antritts-schnelligkeit
2. Motivierende Sprung-Schulung in Verbindung mit einem Torschuss
3. Motivierende Lauf-Schulung in Verbindung mit einem Torschuss

Organisation

- **Gruppe A:** neben Tor 1 in der Ecke des Feldes – 1 Spieler der Gruppe auf der Grundlinie gegenüber
- **Gruppe B:** neben Tor 2 in der Ecke des Feldes – 1 Spieler der Gruppe auf der Grundlinie gegenüber
- **Gruppe C:** aktive Pause im markierten Raum (mit regelmäßigem Gruppen-Wechsel!)

Ablauf

Trainingsform 1
- Die Gruppen A + B starten gleichzeitig mit identischer Aufgabe!
- Die Gruppenersten passen zum Auftakt jeweils dem Anspieler gegenüber zu und überwinden 5 diagonal hintereinander aufgestellte Hütchen mit Schlusssprüngen.
- Danach schießen sie den vom Anspieler aufgelegten Ball auf das Tor.
- Weitere Variationen: Einbeinsprünge links/ rechts, Skippings, seitliche Schlusssprünge

Trainingsform 2
- Gleicher Ablauf wie zuvor, aber unterschiedliche Slaloms leichtfüßig durchlaufen!

Koordinative Aufgaben und Torschuss II

Schwerpunkte/Ziele

1. Leichtfüßiges Laufen
2. Geschicktes Ausweichen
3. Motivierende Schulung der Koordination in Verbindung mit einem Torschuss

Organisation

- **Gruppe A:** neben Tor 1 in der Ecke des Feldes – 1 Spieler der Gruppe auf der Grundlinie gegenüber
- **Gruppe B:** neben Tor 2 in der Ecke des Feldes – 1 Spieler der Gruppe auf der Grundlinie gegenüber
- **Gruppe C:** aktive Pause im markierten Raum (mit regelmäßigem Gruppen-Wechsel!)

Ablauf

Trainingsform 3
- Die Gruppen A + B beginnen gleichzeitig mit identischer Aufgabe!
- Die beiden Ersten passen zum Anspieler gegenüber und durchsprinten leichtfüßig einen 'Hütchendschungel' in der Mitte.
- Anschließend schießen sie die Anspieler-Vorlage auf das Tor.
- Variationen: 2 Hütchen komplett umlaufen, das Hütchen-Labyrinth mit Side-Steps oder rückwärts durchlaufen usw.

Trainingsform 4
- Gleicher Ablauf wie zuvor, aber zum Auftakt einen Flugball zum Anspieler spielen!

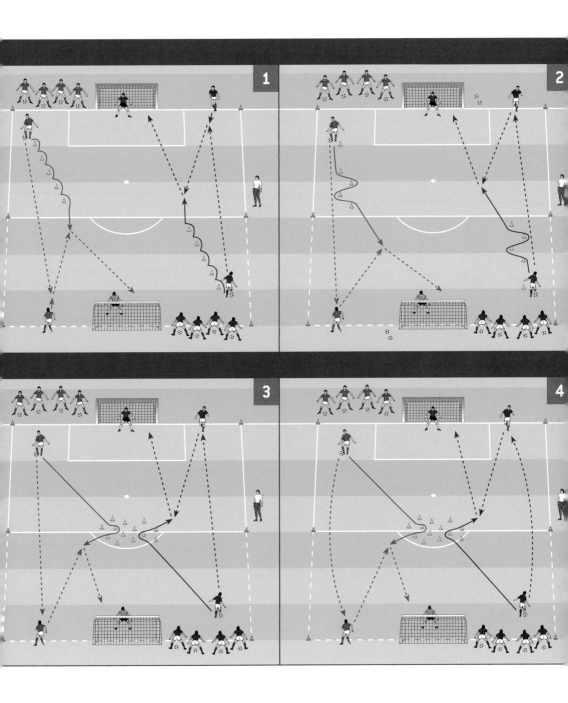

Trainingsbaustein 6

Kurze Antritte und Torschuss

Schwerpunkte/Ziele

1. Motivierendes Schnelligkeitstraining
2. Schnelle Richtungswechsel
3. Präzise Torschüsse unter Druck

Organisation

- **Gruppe A:** neben Tor 1 in der Ecke des Feldes – 1 Spieler der Gruppe auf der Grundlinie gegenüber
- **Gruppe B:** neben Tor 2 in der Ecke des Feldes – 1 Spieler der Gruppe auf der Grundlinie gegenüber
- **Gruppe C:** aktive Pause im markierten Raum (mit regelmäßigem Gruppen-Wechsel!)

Ablauf

Trainingsform 5
- Laufwettbewerb der Gruppenersten auf ein Startsignal des Trainers.
- Die beiden Spieler starten dabei zunächst zum 2., dann zurück zum 1. Hütchen und schließlich zur Anspieler-Vorlage.
- 1 Punkt, wer als Erster schießt – 1 weiterer Punkt für einen Treffer!

Trainingsform 6
- Gleicher Ablauf: Vor dem Antritt zum Ball müssen die Spieler eine quergelegte Stange oder ein Hütchen 5x seitlich überspringen!
- Variation: 3 Stangen oder Hütchen mit verschiedenen Aufgaben überspringen!

Sprungaufgaben und Antritte

Schwerpunkte/Ziele

1. Effiziente Verbindung von explosiven Sprüngen und Läufen
2. Motivation durch Gruppen-/Einzelwettbewerbe

Organisation

- **Gruppen A + B + C:** alle 6 Spieler jeder Gruppe jeweils hintereinander an einer Seitenlinie des Feldes
- Vor jeder Gruppe mit Hütchen einen Sprung- (10 Meter Länge) und einen Laufabschnitt (15 Meter Länge) markieren

Ablauf

Trainingsform 7
- Auf ein Zeichen hüpfen die 3 Gruppenersten einbeinig bis zum 2. Hütchen, warten dort auf ein 2. Signal und starten dann zu einem Wettlauf bis zum 3. Hütchen.
- Variation: gleicher Ablauf, aber mit beidbeinigen Sprüngen bis zum 1. Hütchen!

Trainingsform 8
- Auf ein Zeichen bewegen sich die Ersten im lockeren Hopserlauf bis zum 2. Hütchen: 3 explosive Hocksprünge und Wettlauf auf ein 2. Trainer-Signal!
- Variation: 5 explosive Schlusssprünge vor dem Wettlauf

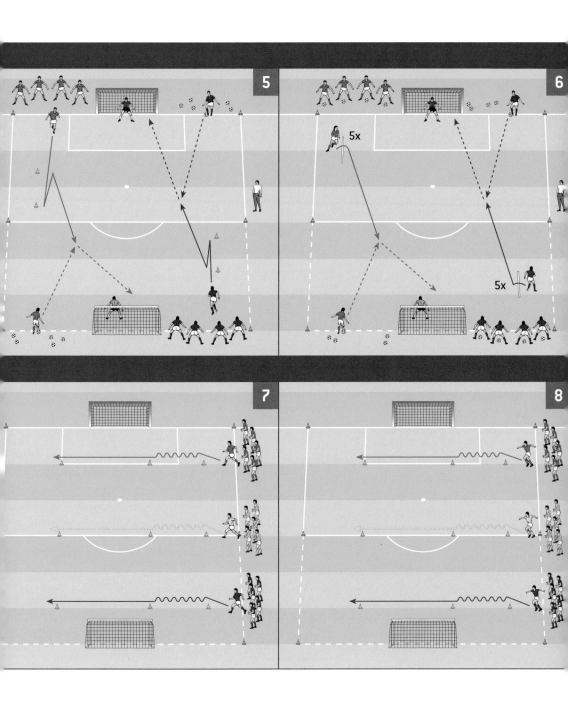

Trainingsbaustein 7

Volley-Rückspiele und Laufformen

Schwerpunkte/Ziele	Ablauf
1. Motivierende Schulung der Ausdauer 2. Verbesserung der Sicherheit, Geschicklichkeit und Kreativität am Ball parallel zum Ausdauertraining	**Grundablauf** • Die Spieler der Gruppen A/B laufen einen gerade freien Zuwerfer der Gruppe C an. • Der Anspieler C wirft zu, A/B spielen mit der Innenseite sicher in die Hände von C zurück. • Nach jedem Abspiel bewegen sich A/B mit einer vorgegebenen Laufform (z. B. Side-Steps, Hopser-, Rückwärtslauf) zu einer Feldmarkierung, umlaufen das Hütchen und starten zu einem anderen Anspieler
Organisation	
• **Gruppen A + B:** zu Übungsbeginn postieren sich alle gleichmäßig verteilt um die Anspieler • **Gruppe C:** die Spieler als Anspieler (= Zuwerfer) mit je einem Ball frei im Feld verteilen	**Erweiterungen** • Volley per Spann zurückspielen • Präzise zum Zuwerfer zurückköpfen

Zuspiel-Aufgaben und Schattenläufe

Schwerpunkte/Ziele	Ablauf
1. Motivierende Schulung der Ausdauer 2. Verbesserung der Sicherheit, Geschicklichkeit und Kreativität am Ball parallel zum Ausdauertraining	**Zuspiele zu dritt in der Hälfte I** Verschiedene Zuspiel-Aufgaben: • Variantenreich, aber sicher zuspielen! • Mit maximal 2 Ballkontakten kombinieren. • Mit 3 Pflichtkontakten kombinieren – Ziel: sichere Ballkontrolle in der Bewegung! • Nur direkt zu einem Mitspieler passen. • Nur halbhoch zuspielen. • Mit Tempowechseln kombinieren.
Organisation	
• **Gruppen A + B:** beide Gruppen nochmals in 2 x 3 Spieler mit je einem Ball aufteilen, alle Spieler bewegen sich ausschließlich in der Hälfte I des Übungsfeldes • **Gruppe C:** die Gruppe bewegt sich in 2 x 3 Spieler unterteilt in der anderen Hälfte II	**Schattenläufe in der Hälfte II** • Ein Spieler der Gruppe gibt die Laufwege für seine Mitspieler vor. • Erweiterung: Zusätzliche variantenreiche Laufformen vorgeben!

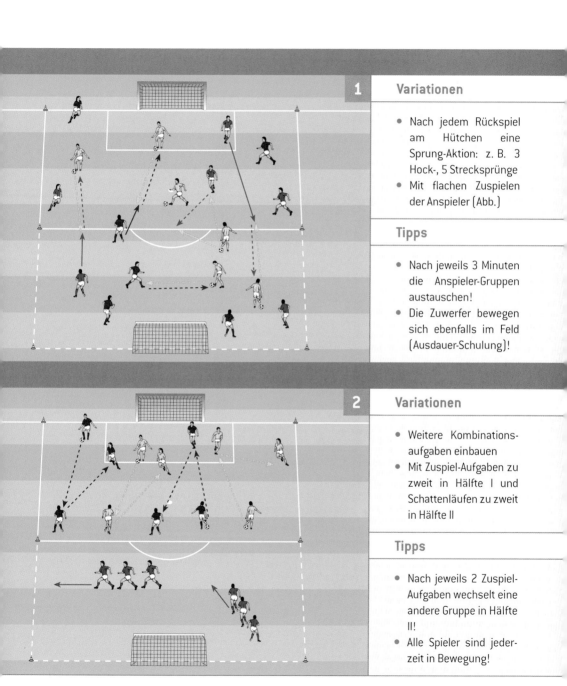

1 Variationen

- Nach jedem Rückspiel am Hütchen eine Sprung-Aktion: z. B. 3 Hock-, 5 Strecksprünge
- Mit flachen Zuspielen der Anspieler (Abb.)

Tipps

- Nach jeweils 3 Minuten die Anspieler-Gruppen austauschen!
- Die Zuwerfer bewegen sich ebenfalls im Feld (Ausdauer-Schulung)!

2 Variationen

- Weitere Kombinations-aufgaben einbauen
- Mit Zuspiel-Aufgaben zu zweit in Hälfte I und Schattenläufen zu zweit in Hälfte II

Tipps

- Nach jeweils 2 Zuspiel-Aufgaben wechselt eine andere Gruppe in Hälfte II!
- Alle Spieler sind jederzeit in Bewegung!

Trainingsbaustein 7

Zuspiel-Aufgaben um Dribbler herum

Schwerpunkte/Ziele	Ablauf
1. Motivierende Schulung der Ausdauer 2. Verbesserung der Sicherheit, Geschicklichkeit und Kreativität am Ball parallel zum Ausdauertraining 3. Spielübersicht	Die Spieler von C dribbeln mit verschiedenen Aufgaben (z. B. mit Finten, Tempovariationen, Richtungswechseln) frei im Übungsfeld – gleichzeitig kombinieren die Paare von A/B. **Zuspiel-Varianten für die Paare** • Variantenreich, aber sicher zuspielen! • Mit maximal 2 Ballkontakten kombinieren. • Mit 3 Pflichtkontakten kombinieren – Ziel: sichere Ballkontrolle in der Bewegung! • 1 Spieler dribbelt variantenreich und passt, der andere lässt nur direkt prallen. • Halbhoch zuspielen. • Mit Tempowechseln kombinieren.
Organisation	
• **Gruppen A + B:** beide Gruppen nochmals in 3 Paare mit je einem Ball aufteilen • **Gruppe C:** die Gruppenmitglieder bewegen sich mit je einem Ball im Übungsfeld	

Läufe und Pendel-Aufgaben

Schwerpunkte/Ziele	Ablauf
1. Motivierende Schulung der Ausdauer	Die Gruppen umlaufen jeweils 1x komplett das Übungsfeld und erfüllen in den Ecken zu zweit eine vorgegebene Aufgabe. Anschließend umlaufen die Gruppen erneut das Viereck, bewegen sich aber jeweils in die nächste Ecke zur neuen Aufgabe weiter. • Ecke 1: Je 5 Bocksprünge pro Spieler • Ecke 2: jeweils kurz aufeinander zu laufen und 10 x aus dem leichten Absprung in der Luft Brust an Brust rempeln! • Ecke 3: 5x den Mitspieler (in Bankstellung) seitlich mit Anhocksprüngen überwinden • Ecke 4: 5x den Mitspieler (in Bankstellung) leichtfüßig überlaufen
Organisation	
• Jede Gruppe postiert sich zu Übungsbeginn in einer Ecke des Übungsfeldes – eine Ecke bleibt zunächst frei	

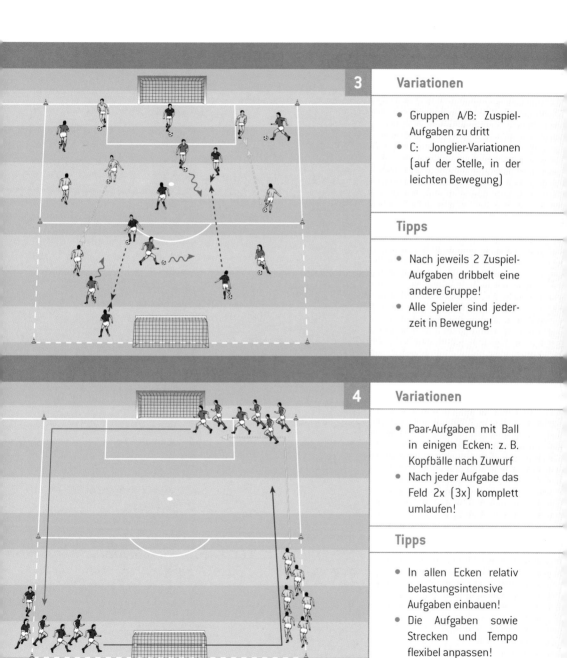

3

Variationen

- Gruppen A/B: Zuspiel-Aufgaben zu dritt
- C: Jonglier-Variationen (auf der Stelle, in der leichten Bewegung)

Tipps

- Nach jeweils 2 Zuspiel-Aufgaben dribbelt eine andere Gruppe!
- Alle Spieler sind jederzeit in Bewegung!

4

Variationen

- Paar-Aufgaben mit Ball in einigen Ecken: z. B. Kopfbälle nach Zuwurf
- Nach jeder Aufgabe das Feld 2x (3x) komplett umlaufen!

Tipps

- In allen Ecken relativ belastungsintensive Aufgaben einbauen!
- Die Aufgaben sowie Strecken und Tempo flexibel anpassen!

Trainingsbaustein 8

6-gegen-6 + 3 Neutrale: sicheres Herausspielen von Torchancen

Schwerpunkte/Ziele	Ablauf
1. Für die jeweilige 9er-Gruppe: Sichere, breit angelegte Angriffe zur Vorbereitung von Torchancen 2. Schnelles Umschalten 3. Motivierender Abschluss der Trainingseinheit	**Basis-Spielform** ● Die Gruppen A + B spielen 6-gegen-6 auf die beiden Tore mit Torhütern. ● 3 Spieler von Gruppe C spielen für 5 Minuten als zusätzliche Anspielstationen bei den jeweiligen Angreifern (Team A oder B) mit, so dass sich jeweils ein 9-gegen-6 ergibt. ● Spielzeit: 2 x 5 Minuten (in der 2. Phase – nach einer kurzen aktiven Pause – sind die anderen 3 Spieler von C die Neutralen)! ● Welche Mannschaft (A oder B) hat am Ende die meisten Treffer erzielt?
Organisation	
● Spielfeld für die letzte Phase vergrößern: dazu das tragbare Tor auf die Mittellinie zurückstellen ● **Gruppen A + B:** postieren sich zum 6-gegen-6 zwischen die Tore ● **Gruppe C:** aufgeteilt in 2 x 3 Spieler (Funktion: zusätzliche Neutrale)	

6 + 3 Ergänzungsspieler-gegen-6: Torejagd

Schwerpunkte/Ziele	Ablauf
1. Für die jeweilige 9er-Gruppe: Schnelle Angriffe zur Vorbereitung von Torchancen – konsequente Torabschlüsse 2. Für die jeweilige 6er-Gruppe: geschlossenes, kompaktes Zurückweichen und Verzögern/ Stören der Angriffe	**Basis-Spielform** ● Die Gruppen A + B spielen 6-gegen-6 auf die beiden Tore mit Torhütern. ● 3 Spieler von C spielen für die ersten 5 Minuten ausschließlich bei Mannschaft A mit: 9-gegen-6-Situation! ● Im Anschluss verstärken für die nächsten 5 Minuten die 3 anderen Spieler von C Team B, das jetzt im 9-gegen-6 viele Tore herausspielen soll! ● Welche Mannschaft (A oder B) hat am Ende die meisten Treffer erzielt?
Organisation	
● Spielfeld vergrößern: dazu das tragbare Tor auf die Mittellinie zurückstellen ● **Gruppen A + B:** postieren sich zum 6-gegen-6 zwischen die Tore ● **Gruppe C:** aufgeteilt in 2 x 3 Spieler (Funktion: Ergänzungsspieler für je ein Team)	

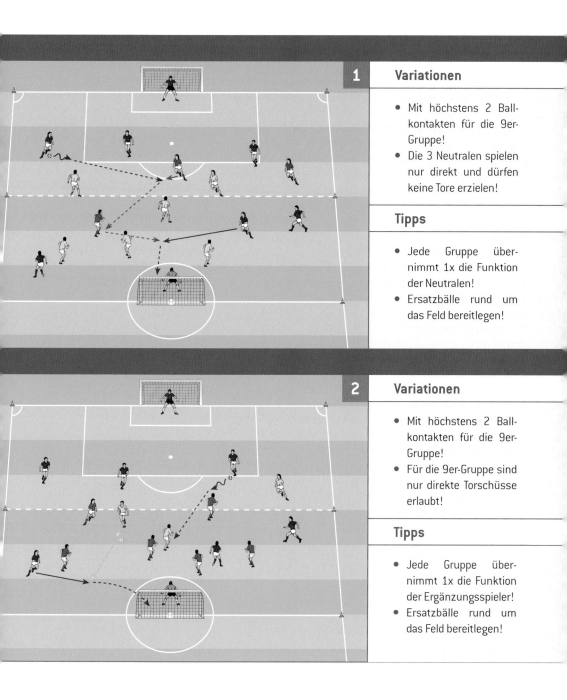

1

Variationen

- Mit höchstens 2 Ballkontakten für die 9er-Gruppe!
- Die 3 Neutralen spielen nur direkt und dürfen keine Tore erzielen!

Tipps

- Jede Gruppe übernimmt 1x die Funktion der Neutralen!
- Ersatzbälle rund um das Feld bereitlegen!

2

Variationen

- Mit höchstens 2 Ballkontakten für die 9er-Gruppe!
- Für die 9er-Gruppe sind nur direkte Torschüsse erlaubt!

Tipps

- Jede Gruppe übernimmt 1x die Funktion der Ergänzungsspieler!
- Ersatzbälle rund um das Feld bereitlegen!

Trainingsbaustein 8

Einstudieren der Viererkette + Mittelfeld I

Schwerpunkte/Ziele

1. Gruppe A: geschlossenes Verschieben zum Ball, Übergeben der Angriffsspitzen, abgestimmtes Zusammenwirken von Viererkette und Mittelfeld, variable Gegenangriffe
2. Gruppe B: variantenreiches Herausspielen von Torchancen aus einer Formation mit 2 Spitzen

Organisation

- Das tragbare Tor 20 Meter hinter der Mittellinie
- **Gruppe A:** Viererkette + 2 defensive Mittelfeldspieler vor Tor 1
- **Gruppe B:** 4 Mittelfeldspieler + 2 Spitzen
- **Gruppe C:** aufgeteilt zum 3 x 1-gegen-1 hinter der Mittellinie vor Tor 2

Ablauf

Basis-Spielform

- Gruppe B startet jeweils die Aktionen an der Mittellinie und versucht, mit Einzelaktionen und im Kombinationsspiel im 6-gegen-6 Tore herauszuspielen.
- Erobert A den Ball, hat das Team jeweils 2 Alternativen für einen Gegenangriff!
- 1. Kontermöglichkeit: Ein Spieler von A überdribbelt eines der beiden kleinen Tore auf der Mittellinie und flankt ungestört zum 1-gegen-1 vor das Tor 2.
- 2. Kontermöglichkeit: Ein Spieler von A passt durch das Zentrum auf den Angreifer vor Tor 2, der aus einem 1-gegen-1 zum Abschluss kommen muss!

Einstudieren der Viererkette + Mittelfeld II

Schwerpunkte/Ziele

1. Gruppe A: geschlossenes Verschieben zum Ball, Übergeben der Angriffsspitzen, abgestimmtes Zusammenwirken von Viererkette und Mittelfeld, variable Gegenangriffe
2. Gruppe B: variantenreiches Herausspielen von Torchancen aus einer Formation mit 2 Spitzen

Organisation

- Das tragbare Tor 20 Meter hinter der Mittellinie
- **Gruppe A:** Viererkette + 2 defensive Mittelfeldspieler vor Tor 1
- **Gruppe B:** 4 Mittelfeldspieler + 2 Spitzen
- **Gruppe C:** aufgeteilt zum 2-gegen-2 hinter der Mittelinie vor Tor 2

Ablauf

Basis-Spielform

- Gruppe B beginnt jede Aktion an der Mittellinie, um aus dem 6-gegen-6 Treffer bei Tor 1 zu erzielen.
- Erobert A den Ball, so hat die Gruppe wieder 2 Möglichkeiten eines Gegenangriffs!
- 1. Kontermöglichkeit: Ein Spieler von A überdribbelt eines der beiden kleinen Tore auf der Mittellinie und flankt ungestört zum 2-gegen-2 vor das Tor 2.
- 2. Kontermöglichkeit: Ein Spieler von A passt durch das Zentrum auf die beiden Angreifer vor Tor 2, die anschließend im 2-gegen-2 einen Treffer erzielen sollen!

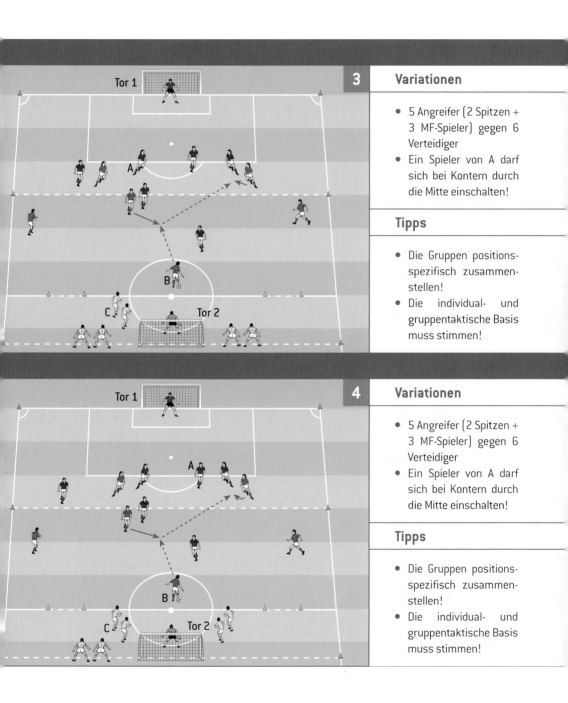

Variationen

- 5 Angreifer (2 Spitzen + 3 MF-Spieler) gegen 6 Verteidiger
- Ein Spieler von A darf sich bei Kontern durch die Mitte einschalten!

Tipps

- Die Gruppen positionsspezifisch zusammenstellen!
- Die individual- und gruppentaktische Basis muss stimmen!

Variationen

- 5 Angreifer (2 Spitzen + 3 MF-Spieler) gegen 6 Verteidiger
- Ein Spieler von A darf sich bei Kontern durch die Mitte einschalten!

Tipps

- Die Gruppen positionsspezifisch zusammenstellen!
- Die individual- und gruppentaktische Basis muss stimmen!

Tor 1

Tor 2

Tor 1

Tor 2

In die Trainingssituation vorab hineindenken!

Beim Vorbereiten einer Trainingseinheit muss sich der Trainer einerseits an Schwerpunkten und Inhalten von Saisonphasen, Monats- oder Wochenplänen ausrichten, andererseits muss er flexibel auf die aktuelle Situation seines Teams reagieren!

Für jede Situation die passende Lösung

Bei aller Planung flexibel bleiben!

Das Baukasten-System des *fußballtraining-praxis-planer*-Konzepts ermöglicht es jedem B- und A-Juniorentrainer, leicht, flexibel und kreativ immer neue Trainingseinheiten zusammenzupuzzeln. Dabei ist stets ein attraktives, methodisch ausgereiftes und aufeinander abgestimmtes Programm garantiert.

Bevor es jedoch an das Kombinieren der Inhaltsbausteine und Trainingsformen geht, müssen aber einige Planungsfragen gestellt werden, um von vornherein eine höchstmögliche Praktikabilität und Systematik der Trainingsvorbereitungen sicherzustellen:

- Welche konkreten Ausbildungsschwerpunkte soll das Training abdecken?
- Passt die jeweilige Grundorganisation oder muss die Organisation (z.B. Gruppen- und/oder Feldgrößen) eventuell angepasst werden?
- Wie ist die aktuelle Stimmung in der Mannschaft, wie waren die Spiel- und Trainingsbelastungen in der letzten Zeit? Soll die Trainingseinheit nach dem im Saisonplan fixierten Ausbildungsblock (z. B. 4 Wochen-Plan 'Gruppentaktische Grundlagen des Kombinationsspiels') ablaufen oder ist es vielleicht besser, eine 'Motivationseinheit' (z. B. mit vielen Torschuss-Übungen) zwischenzuschieben?

Sind diese zentralen Planungsfragen geklärt, kann das Zusammenstellen der konkreten Trainingseinheit erfolgen.

Beim Trainingspuzzle muss jedoch die verbindliche Grundstruktur mit Aufwärmen, 3 gleichen oder verschiedenen Inhaltsbausteinen im Hauptteil und einem Abschlussspiel beachtet werden! Ansonsten bietet der Trainingsformen-Baukasten hunderte von Kombinationsmöglichkeiten für ein attraktives und zugleich systematisch aufgebautes Training.

Info: Aufbau einer Trainingseinheit

1 EINLEITUNG

Phase 1

Phase 2

Ziele
- Physische und psychische Einstimmung auf das Training
- Sicherheit und Kreativität am Ball
- Technik-Schulung (erste Impulse)

Mögliche Inhalte
- Interessante Aufwärmprogramme mit Ball (einzeln, paarweise oder in kleinen Gruppen)
- Beweglichkeits- und Kräftigungsübungen
- Motivierende Lauf-, Fang- und Ballspiele

2 HAUPTTEIL

Phase 1

Phase 2

Phase 3

Ziele
- Systematisches Stabilisieren und Perfektionieren technisch-taktischer Qualitäten jedes Spielers!
- Heranbilden eines spielstarken Teams
- Fußballbezogene Konditionsschulung
- Spielfreude und -kreativität

Mögliche Inhalte
- Übungsformen zu einem technisch-taktischen Schwerpunkt
- Spielformen zum gleichen technisch-taktischen Schwerpunkt
- Spielorientierte und attraktive Aufgaben zur Verbesserung konditioneller Eigenschaften

3 ABSCHLUSS

Ziele
- Spaß und Lernen durch Fußballspielen
- Motivierendes Trainingsende

Mögliche Inhalte
- Abschluss-Spiel mit einem Schwerpunkt
- Freies Abschluss-Spiel auf Tore
- 'Spaßaufgaben', z. B. Torschuss-Wettbewerbe

Gerade nach belastungsintensiven Spielphasen muss der Trainer regelmäßig aktive Pausen einplanen!

Effizientes Planen macht Trainer sicher!

Im Hinblick auf die Belastungssteuerung durch Spiel- und Pausenzeiten, das Coachen im Training oder das Variieren der Spiel- und Übungsformen hat jeder Trainer Aufgaben, die er mit viel Sensibilität und Gespür für die aktuelle Situation und vor allem mit 'gutem Trainerauge' treffen muss.

Durch das Planungsinstrument 'Baukasten-System' ist jedoch stets die Sicherheit gegeben, sich in Übereinstimmung mit Zielen, Schwerpunkten und Inhalten einer attraktiven und zeitgemäßen Spiel- und Trainingskonzeption für die Arbeit im B- und A-Juniorenbereich zu bewegen!

Mit dieser sorgfältigen Trainingsvorbereitung im Rücken kann er sich besser auf die flexible Steuerung des Trainingsablaufs konzentrieren.

Die wichtigsten Tipps für eine Trainingseinheit

- Wichtigste Leitlinie: (Fast) jedes Training mit Ball beginnen!
- Mit interessanten, zunächst relativ einfachen Aufgaben mit Ball (einzeln, zu zweit, zu dritt usw.) von der ersten Trainingsminute an die Technik schulen!
- Die Aufwärm-Aufgaben so organisieren, dass alle Spieler schnell in Bewegung sind! Im weiteren Verlauf Warteschlangen und Aktionspausen vermeiden!
- Viele Ballkontakte wirken sich positiv auf die Ballsicherheit aus!
- Am Ende des Aufwärmprogramms Aufgaben anbieten, bei denen die Spieler Techniken in spieltypischen Situationen mit (leicht) störenden Gegnern anwenden müssen!
- Stets darauf achten, dass der Spiel- und Übungsablauf viele Aktionen für jeden Spieler garantiert! Kleine Spiel- und Übungsgruppen sind dabei weitaus effizienter und motivierender!
- Bei neuen Aufgaben das Wichtigste kurz und knapp erklären – bei komplexen Trainingsformen bietet es sich an, den Grundablauf kurz durchspielen zu lassen, um dann nochmals zu unterbrechen und letzte Fragen zu klären!
- Nicht zu schnell von Trainingsform zu Trainingsform springen! Die Spieler müssen genug Zeit bekommen, eine Aufgabe auszuprobieren, Sicherheit zu gewinnen und eigene Lösungen zu finden! Geduld haben!
- Bei allen Übungen bewusst Beidfüßigkeit fordern und fördern!
- Vor allem bei intensiven Trainingsformen auf angemessene Pausen achten! In aktiven Pausen leichte Technik-Aufgaben anbieten!
- Möglichst gleich starke Gruppen/Teams bilden! Jeder muss realistische Siegchancen haben!
- Positive Aktionen regelmäßig und hörbar loben: „Klasse!", „Super"!
- Stets Eigeninitiative fördern und fordern! In jeder Phase die Spieler aktiv einbinden!

Info: Trainingseinheiten mit Inhaltsbausteinen planen

1 EINLEITUNG

Phase 1 ▶ **1** AUFWÄRMEN

Phase 2 ▶ **1** AUFWÄRMEN

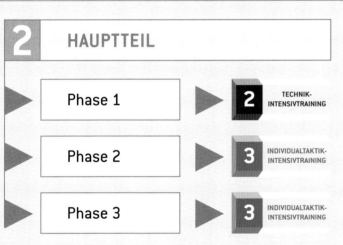

2 HAUPTTEIL

Phase 1 ▶ **2** TECHNIK-INTENSIVTRAINING

Phase 2 ▶ **3** INDIVIDUALTAKTIK-INTENSIVTRAINING

Phase 3 ▶ **3** INDIVIDUALTAKTIK-INTENSIVTRAINING

3 ABSCHLUSS

▶ **8** FUSSBALLSPIELE MIT SCHWERPUNKTEN

Richtig kombinieren!

- Bereits das Aufwärmen sorgfältig planen!
- Neben Aufgaben zur Technik-Schulung regelmäßig Fang-, Lauf- und andere Ballspiele (Ziel: Koordination) berücksichtigen!
- Das Aufwärmprogramm möglichst auf Schwerpunkte des Hauptteils abstimmen!
- Die Belastung in der Aufwärmphase nach und nach steigern!
- Im Hauptteil nur einige wenige Schwerpunkte trainieren – die aber so lange, bis sich erkennbare Lerneffekte einstellen!
- Trainingsschwerpunkte, bei denen wirkliche Verbesserungen nur mit voll leistungsbereiten Spielern zu erwarten sind (z. B. Schnelligkeitsübungen, Technik-Training) an den Anfang des Hauptteils stellen!
- Das Training nicht überladen! Nicht zu viele Schwerpunkte unterbringen wollen!

Im Juniorenfußball gelten andere Planungsprinzipien

Traditionelle Modelle zur Planung und Phaseneinteilung einer Saison greifen für den Juniorenfußball viel zu kurz! Denn junge Spieler sind nicht nur auf eine Saison, sondern auf ein hohes Leistungsniveau als Seniorenspieler vorzubereiten!

In der B- und A-Jugend ist immer Vorbereitungszeit!

Nicht nur von Spiel zu Spiel denken!

Im Seniorenfußball wird eine Saison üblicherweise in 6 Zeitabschnitte unterteilt, die sich vor allem aus einigen terminlichen Eckdaten (Saisonstart, Spieltermine der Hin- und Rückrunde, Winterpause, Saisonende) ergeben. Ziel aller Trainingsarbeit sind vor allem der Aufbau eines erfolgreichen Teams und die Stabilisierung einer konstanten 'Form' über die ganze Saison hinweg.

In der Saisonvorbereitung ist somit alles auf einen optimalen Start (= viele Punkte) in die kommende Meisterschaftsrunde ausgelegt. Aus diesem Grund zielt der Trainingsprozess schwerpunktmäßig auf das Erarbeiten konditioneller Grundlagen (vor allem der fußballspezifischen Ausdauer), die Integration neuer Spieler sowie das kurzfristige Erarbeiten einer funktionierenden und erfolgsorientierten Mannschafts- und Spielkonzeption.

Info: **Die Saisonphasen**

Som-mer-pause	Saison-einstieg	Hinrunde			W P
Juli	August	September	Oktober	November	Dezemb

In der Meisterschaftsrunde planen die Trainer dann vor allem von Spiel zu Spiel. Hier dominieren bei der Trainingsplanung zwangsläufig Fragen wie: „Welche taktischen Defizite aus dem letzten Spiel müssen wir aufarbeiten?" oder „Mit welchem Training kann ich mein Team optimal auf unseren nächsten Gegner vorbereiten?"

Dieses Denken und Planen von Wochenende zu Wochenende ist im Juniorenbereich der falsche Weg! Hier dürfen das letzte und das nächste Punktspiel nur geringe Auswirkungen auf die Trainingsvorbereitung haben. Oder anders: Oberstes Ziel ist es nicht, die Mannschaft auf das nächste Spiel vorzubereiten, sondern jeden Spieler auf das Fußballspielen auf bestmöglichem Niveau!

Deshalb müssen sich Ziele und Inhalte jeder Trainingseinheit idealerweise aus Ausbildungsblöcken (mit einer Dauer von bis zu 4 Trainingswochen) ableiten, in denen Schritt für Schritt und konzentriert ein technisch-taktischer Schwerpunkt erarbeitet wird. Dieser Schwerpunkt ist das Kernstück jedes Trainings, um das herum sich andere Inhaltsbausteine gruppieren!

Die traditionelle Einteilung hat hier ausschließlich die Funktion eines Orientierungsrasters für die zeitliche und planerische Fixierung dieser Schwerpunkt-Blöcke!

Info: Tipps für die Planung

- Das Trainingsprogramm langfristig planen, wenn es die Situation erfordert, jedoch flexibel reagieren!
- Technisch-taktische Schwerpunkte über längere Trainingsphasen (2 bis 4 Wochen) durchführen! Nur das sichert stabile Lernfortschritte!
- **Fazit:** Ein systematisch aufgebautes, durch Schwerpunkte bestimmtes und komplexes Spieltraining ist Kernstück des Juniorenfußballs!

Der *fußballtraining-praxisplaner* ermöglicht es, leicht und flexibel unterschiedlich lange Trainingsphasen (= Ausbildungsblöcke) vorzuplanen.

So lassen sich die Inhaltsbausteine in ein Wochenraster platzieren, aber auch in Planungsraster für längere Schwerpunkt-Phasen (z.B. Verbesserung gruppentaktischer Angriffsmittel)!

Der Muster-Saisonplan auf den Seiten 72/73 ist eine Orientierungshilfe für Vereinstrainer, wie sie alle Schwerpunkte des B- und A-Juniorentrainings über eine Saison hinweg nacheinander und in fest fixierten Phasen abdecken können!

Rück-runden-einstieg	Rückrunde				Sommerpause
Januar	Februar	März	April	Mai	Juni

Exemplarischer Saisonplan

Info: Muster für die Aufteilung einer Saison in Schwerpunkt-Phasen

Saisonphase	Schwerpunkte der jeweiligen Trainingswoche		
	Woche 1	**Woche 2**	
SAISONEINSTIEG	**2** TECHNIK-INTENSIVTRAINING **7** AUSDAUER	**2** TECHNIK-INTENSIVTRAINING **7** AUSDAUER	**3** **7**
	Woche 1	**Woche 2**	
HINRUNDE	**2** TECHNIK-INTENSIVTRAINING	**2** TECHNIK-INTENSIVTRAINING	**3**
	Woche 7	**Woche 8**	
	2 TECHNIK-INTENSIVTRAINING	**2** TECHNIK-INTENSIVTRAINING	**3**
	Woche 1	**Woche 2**	
RÜCKRUNDEN-EINSTIEG	**2** TECHNIK-INTENSIVTRAINING **7** AUSDAUER	**2** TECHNIK-INTENSIVTRAINING **7** AUSDAUER	**3** **7**
	Woche 1	**Woche 2**	
RÜCKRUNDE	**2** TECHNIK-INTENSIVTRAINING	**2** TECHNIK-INTENSIVTRAINING	**3**
	Woche 7	**Woche 8**	
	2 TECHNIK-INTENSIVTRAINING	**2** TECHNIK-INTENSIVTRAINING	**3**

che 3	Woche 4	Woche 5	Woche 6
IDIVIDUALTAKTIK- TENSIVTRAINING	**4** GRUPPENTAKTIK- INTENSIVTRAINING	**4** GRUPPENTAKTIK- INTENSIVTRAINING	**8** FUSSBALLSPIELE MIT SCHWERPUNKTEN
AUSDAUER	**6** KOORDINATION/ SCHNELLIGKEIT	**6** KOORDINATION/ SCHNELLIGKEIT	**5** SPIEL- SCHNELLIGKEIT

che 3		offensiv	Woche 4	Woche 5	offensiv	Woche 6
IDIVIDUALTAKTIK- TENSIVTRAINING	offensiv		**3** INDIVIDUALTAKTIK- INTENSIVTRAINING	**4** GRUPPENTAKTIK- INTENSIVTRAINING		**4** GRUPPENTAKTIK- INTENSIVTRAINING

che 9		defensiv	Woche 10	Woche 11	defensiv	Woche 12
IDIVIDUALTAKTIK- TENSIVTRAINING	defensiv		**3** INDIVIDUALTAKTIK- INTENSIVTRAINING	**4** GRUPPENTAKTIK- INTENSIVTRAINING		**4** GRUPPENTAKTIK- INTENSIVTRAINING

che 3	Woche 4	Woche 5	Woche 6
IDIVIDUALTAKTIK- TENSIVTRAINING	**4** GRUPPENTAKTIK- INTENSIVTRAINING	**4** GRUPPENTAKTIK- INTENSIVTRAINING	**8** FUSSBALLSPIELE MIT SCHWERPUNKTEN
AUSDAUER	**6** KOORDINATION/ SCHNELLIGKEIT	**6** KOORDINATION/ SCHNELLIGKEIT	**5** SPIEL- SCHNELLIGKEIT

che 3		offensiv	Woche 4	Woche 5	offensiv	Woche 6
IDIVIDUALTAKTIK- TENSIVTRAINING	offensiv		**3** INDIVIDUALTAKTIK- INTENSIVTRAINING	**4** GRUPPENTAKTIK- INTENSIVTRAINING		**4** GRUPPENTAKTIK- INTENSIVTRAINING

che 9		defensiv	Woche 10	Woche 11	defensiv	Woche 12
IDIVIDUALTAKTIK- TENSIVTRAINING	defensiv		**3** INDIVIDUALTAKTIK- INTENSIVTRAINING	**4** GRUPPENTAKTIK- INTENSIVTRAINING		**4** GRUPPENTAKTIK- INTENSIVTRAINING

Exemplarische Trainingswoche

Im Saisonraster sind alle Inhaltsbausteine so platziert, dass sie stimmig aufeinander aufbauen. So sind etwa individualtaktische Schwerpunkte der Gruppentaktik vorgeschaltet.

In der Saison- und Rückrundenvorbereitung sind jeweils **zwei Schwerpunkte pro Trainingswoche** eingeplant. Denn der erweiterte Trainingsumfang in diesen Saisonphasen erlaubt es, einen technisch-taktischen Schwerpunkt um ein konditionelles Ziel (z. B. Aufbau der Ausdauer, Koordination/Schnelligkeit oder Spielschnelligkeit) zu ergänzen!

In der laufenden Punktspiel-Runde ist es von Vorteil, sich nur auf **einen Schwerpunkt pro Trainingswoche** zu konzentrieren! Um diesen technisch-taktischen Schwerpunkt können sich allerdings andere Inhaltsbausteine gruppieren. Die Übersicht rechts präsentiert eine Muster-Trainingswoche zum Schwerpunkt 'Gruppentaktik' aus der Hinserie.

Wichtig: Muster-Saisonplan und Muster-Trainingswoche bieten jedem Vereinstrainer eine erste Orientierungshilfe. Bei der konkreten Saisonplanung wie auch bei der Fixierung einzelner Ausbildungsblöcke kommt es auf das Improvisationsgeschick, die Flexibilität und das feine Gespür für die besondere Situation seiner Mannschaft an.

So muss jeder Trainer für sich prüfen, wie er die Ausbildungsblöcke in das spezielle Terminraster seines Teams (z. B. Ferientermine, Turniere, Saisonstart, Spieldaten, Trainingseinheiten pro Woche, Hallenzeiten usw.) einbaut.

Dennoch abschließend nochmals einige Planungsprinzipien:

- Über längere Zeiträume (jeweils 2 bis 4 Wochen) technisch-taktische Schwerpunkte trainieren!
- Übungs- und Spielformen zu technisch-taktischen Schwerpunkten kombinieren!
- Wettspielgemäße Trainingsformen anbieten!

Mustertrainingswoche zum TRAINING 1

Ziele

- Motivierender Start in die Trainingswoche
- Schulung der Technik-Basis für ein sicheres Kombinationsspiel
- Stabilisierung der Ausdauer über die ganze Saison hinweg!

Tipps

- Technik-Übungen in das Aufwärmen einbauen!
- Einfache Spiel- und Übungsformen mit Anspielstationen anbieten!
- Eine interessante Ausdauer-Schulung zu Wochenbeginn einplanen!

Inhaltsbausteine

EINLEITUNG	**1** AUFWÄRMEN
	1 AUFWÄRMEN
HAUPTTEIL	**2** TECHNIK-INTENSIVTRAINING
	7 AUSDAUER
	7 AUSDAUER
SCHLUSSTEIL	**8** FUSSBALLSPIELE MIT SCHWERPUNKTEN

:hwerpunkt 'Gruppentaktik – Schulung des Kombinationsspiels' (Hinrunde)

TRAINING 2

Ziele
- Impulse zur Steigerung der koordinativen Grundlagen
- Vertiefung des variablen Kombinationsspiels (Gruppentaktik I)
- Oberstes Ziel aller Trainingseinheiten: Den Spaß am Fußballspielen fördern!

Tipps
- Nicht überbelasten: angemessener Wechsel von Belastung und aktiven Pausen!
- Die Aufgaben des gruppentaktischen Schwerpunktes Schritt für Schritt erschweren!
- Koordinationsaufgaben (in Verbindung mit Ballarbeit) nicht vergessen!

Inhaltsbausteine

EINLEITUNG	**1** AUFWÄRMEN	
	1 AUFWÄRMEN	
HAUPTTEIL	**2** TECHNIK-INTENSIVTRAINING	
	4 GRUPPENTAKTIK-INTENSIVTRAINING	
	4 GRUPPENTAKTIK-INTENSIVTRAINING	
SCHLUSSTEIL	**8** FUSSBALLSPIELE MIT SCHWERPUNKTEN	

TRAINING 3

Ziele
- Impulse zur Förderung von 'Spritzigkeit' und Spielschnelligkeit
- Weitere Vertiefung des sicheren, variablen Kombinationsspiels (Gruppentaktik II)
- Vorbereitung auf das Spiel am Wochenende (Motivation, Organisation)

Tipps
- Gerade bei diesem 'Abschlusstraining' viele Torschussformen anbieten!
- Bei Spielformen zum Kombinationsfußball viele Torschusssituationen sicherstellen!
- Auf das Wettspiel einstimmen! Allerletzte organisatorische Fragen klären!

Inhaltsbausteine

EINLEITUNG	**1** AUFWÄRMEN	
	1 AUFWÄRMEN	
HAUPTTEIL	**6** KOORDINATION/SCHNELLIGKEIT	
	4 GRUPPENTAKTIK-INTENSIVTRAINING	
	5 SPIEL-SCHNELLIGKEIT	
SCHLUSSTEIL	**8** FUSSBALLSPIELE MIT SCHWERPUNKTEN	

Saisonphase: In der Hinrunde

EINLEITUNG 1

Aufwärmen — Dauer: **15 Minuten**

Schwerpunkte/Ziele

1. Psychische und physische Einstimmung auf das Training
2. Förderung der Ballgeschicklichkeit
3. Schulung der Spielübersicht

Organisation

- **Gruppen A+B:** jeweils aufgeteilt in 3 x 2 Spieler mit je einem Ball im Übungsfeld
- **Gruppe C:** aufgeteilt in 2 x 3 Spieler: je 2 Spieler stellen sich auf Seitenlinie I, 1 Spieler auf Seitenlinie II gegenüber auf

Ablauf

Phase 1: Zuspiel- und Pendel-Übungen I
- Die Gruppen A und B bewegen sich mit verschiedenen Zuspiel-Aufgaben zu zweit frei im Übungsfeld.
- Gleichzeitig läuft eine Pendel-Übung der Gruppe C ab: aus dem kurzen Dribbling zum Gegenüber passen und nachlaufen!
- Mit jeder Variation der Zuspiel-Aufgabe wechselt gleichzeitig eine andere Gruppe zur Pendel-Übung!

Phase 2: Zuspiel- und Pendel-Übungen II
- Gruppen A und B: Zuspiel-Varianten zu dritt frei im Übungsfeld
- Gruppe C: Pendel-Dribblings!

EINLEITUNG 2

Aufwärmen — Dauer: **15 Minuten**

Schwerpunkte/Ziele

1. Psychische und physische Einstimmung auf das Training
2. Förderung der Ballgeschicklichkeit
3. Schulung der Spielübersicht

Organisation

- **Gruppen A+B:** jeweils aufgeteilt in 2 x 3 Spieler (in Dreiecksformationen) an Seitenlinie I
- **Gruppe C:** ebenso aufgeteilt in 2 x 3 Spieler in Dreiecksformationen an Seitenlinie II gegenüber

Ablauf

Phase 1: Zuspiele in Dreieckformation I
- Alle Dreiecksformationen bewegen sich mit verschiedenen Aufgaben gleichzeitig auf die andere Seite.
- Die Dreiecksspitze bewegt sich dabei rückwärts, die anderen beiden Spieler (jeweils mit Ball) vorwärts.
- Die Spieler mit Ball passen wechselweise zum Rückwärtslaufenden, der mit 2 Ballkontakten (links/rechts) prallen lässt.

Phase 2: Zuspiele in Dreieckformation II
- Nur direkt zurückspielen
- Zuwerfen und volley zurückspielen
- Zuwerfen und zurückköpfen!

Hinweise zu dieser Muster-Trainingseinheit

1. Die hier präsentierte Praxis ist neu gegenüber dem Trainingsformen-Katalog (S. 22 bis 65)!

2. Dabei lassen sich alle diese Trainingsformen zu immer neuen Einheiten kombinieren!

Saisonphase: In der Hinrunde

HAUPTTEIL 1

Gruppentaktik-Intensivtraining | Dauer: 20 Minuten

Schwerpunkte/Ziele

1. Variables, sicheres Kombinieren zum Herausspielen von Torchancen
2. Verwerten von Tormöglichkeiten
3. Kreativität im Spiel
4. Spielschnelligkeit

Organisation

- **Gruppe A:** 4 Spieler im Feld – aktive Pause für die anderen beiden
- **Gruppe B:** 4 Spieler im Feld – aktive Pause für die anderen beiden
- **Gruppe C:** 4 Anspieler (die Position variiert je nach Aufgabe) – aktive Pause für die anderen

Ablauf

Trainingsform 1: 4 gegen 4 + 4 Anspieler I
- A und B spielen 4 gegen 4 auf je ein Tor und sollen möglichst viele Treffer erzielen.
- Die Mannschaft am Ball darf jeweils die 4 Anspieler der Gruppe C an den Seitenlinien mit in das Angriffsspiel einbinden!
- Hinweis: mit Kontaktbegrenzungen!

Trainingsform 2: 4 gegen 4 + 4 Anspieler II
- A und B spielen 4 gegen 4 im Feld.
- Nur Team A darf nun die 4 Anspieler in das Angriffsspiel einbinden, muss jedoch nur mit 2 Ballkontakten in Folge kombinieren.
- Team B spielt frei auf das andere Tor!
- Nach je 5 Minuten: Gruppenwechsel!

HAUPTTEIL 2

Gruppentaktik-Intensivtraining | Dauer: 20 Minuten

Schwerpunkte/Ziele

1. Variables, sicheres Kombinieren zum Herausspielen von Torchancen
2. Verwerten von Tormöglichkeiten
3. Kreativität im Spiel
4. Spielschnelligkeit

Organisation

- **Gruppe A:** 4 Spieler im Feld – aktive Pause für die anderen beiden
- **Gruppe B:** 4 Spieler im Feld – aktive Pause für die anderen beiden
- **Gruppe C:** 4 Anspieler (2 Spieler links und rechts neben Tor 1, 2 Spieler an den Seiten)

Ablauf

Trainingsform 1: 4 + 4 gegen 4 Torejagd I
- A und B spielen 4 gegen 4 auf je ein Tor und sollen möglichst viele Treffer erzielen.
- Mannschaft A greift zusammen mit den 4 Anspielern auf Tor 1 an, muss dabei seine Treffer jedoch per Direktschuss nach einer Anspieler-Vorlage erzielen.
- Team B spielt alleine auf das Tor gegenüber: freie Torabschlüsse!
- Nach je 5 Minuten: Gruppenwechsel!

Trainingsform 2: 4 + 4 gegen 4 Torejagd II
- Gleicher Ablauf wie bei Trainingsform 1.
- Treffer durch Volleyschüsse oder Kopfbälle nach einer Anspieler-Vorlage zählen doppelt!

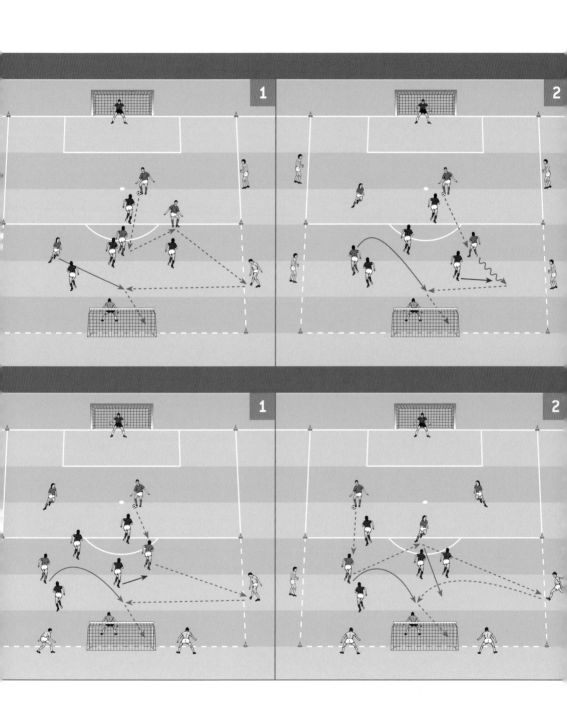

Saisonphase: In der Hinrunde

HAUPTTEIL 3

Ausdauer	Dauer: **15 Minuten**

Schwerpunkte/Ziele

Ablauf

1. Interessante und motivierende Schulung der Ausdauer
2. Verbesserung der Sicherheit, Geschicklichkeit und Kreativität am Ball parallel zum Ausdauertraining

Dribbeln um das Feld mit Zusatz-Aufgaben
Die Gruppen umlaufen jeweils 1x komplett das Übungsfeld und erfüllen in den Ecken eine vorgegebene Einzel-Aufgabe mit Ball. Danach umlaufen die Gruppen erneut das Viereck, bewegen sich aber jeweils in die nächste Ecke zur neuen Aufgabe weiter.

Organisation

- Ecke 1: eines der beiden Hütchen im Tempo umdribbeln
- Ecke 2: ein Hütchen andribbeln – 20 x frei jonglieren und zurückdribbeln
- Ecke 3: die beiden Hütchen in Form einer Acht leichtfüßig umdribbeln
- Ecke 4: den Ball auf dem Hin- und Rückweg in Zick-Zack-Form dribbeln

- Jede Gruppe postiert sich zu Übungsbeginn in einer Ecke des Übungsfeldes – eine Ecke bleibt zunächst frei
- Etwa 10 Meter diagonal vor jedem Eckpunkt des Übungsfeldes 2 weitere Hütchen aufbauen
- An jedem Eckpunkt 6 Bälle auslegen

SCHLUSSTEIL

Fußballspiele mit Schwerpunkten	Dauer: **20 Minuten**

Schwerpunkte/Ziele

Ablauf

1. Kompaktes mannschaftliches Auftreten
2. Ballorientiertes Verteidigen

8 gegen 8 mit Räumen von Zonen
- 2 Mannschaften spielen 8 gegen 8 auf 2 Tore .
- Beide Gruppen dabei positionsorientiert zusammenstellen: je 2 Innenverteidiger, 4 Mittelfeldspieler und 2 Angreifer.
- Ein Treffer ist nur dann gültig, wenn alle Mitspieler im Moment des Torschusss die 30-Meter-Zone vor dem eigenen Tor geräumt haben.

Erleichtern/Erschweren

- Spielfeld vergrößern: dazu das tragbare Tor kurz hinter die Mittellinie zurückstellen
- Das Spielfeld in 3 Querzonen unterteilen (Abb.)!
- **Gruppen A + B + C:** die ursprünglichen Gruppen auflösen und 2 Teams zu 8 Spielern (+ 1 Ersatzspieler) positionsspezifisch zusammenstellen!

Mögliche Erweiterungen
- Gleicher Ablauf als 9 gegen 9.
- Bei jeder Mannschaft kommt 1 Mittelfeldspieler hinzu!

Tipps

- Die Abläufe an den Eckpunkten möglichst so organisieren, dass die Spieler nicht in den Stand kommen – eventuell weitere Hütchen aufbauen!
- Eventuell die Strecken an den Eckpunkten verlängern!
- Die Einzelaufgaben mit Ball variieren!

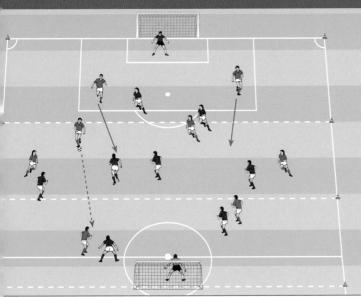

Tipps

- Auf gut sichtbare Zonen achten!
- Spielidentische Zonen des normalen Feldes abgrenzen, um den Verteidigern eine möglichst exakte räumliche Orientierungshilfe für das Stellungsspiel zu geben!
- Korrekturschwerpunkt: Nach Eroberung des Balles möglichst weit nach vorne schieben!

Improvisieren muss jeder Trainer können!

Bis kurz vor Trainingsbeginn und auch im Trainingsverlauf können sich organisatorische Eckdaten wie z.B. die Trainingsgruppen-Größe ändern. Einige Kniffe sollen helfen, jeweils die richtige Antwort parat zu haben!

Passen Sie die Trainingsorganisation flexibel an!

100-prozentige Planungssicherheit gibt es nicht!

Ein organisatorisch gleicher Aufbau aller Trainingsformen und kompletter Trainingseinheiten hat viele Vorteile, die nicht von der Hand zu weisen sind. Der Trainer, in unteren Junioren-Spielklassen ohnehin 'das Mädchen für alles', ist im Training weit weniger durch zeitraubende Auf- und Umbauten (Tore, Felder...) gestresst. Es genügt das kurze, prägnante Ansagen und Erklären einer neuen Aufgabe. Zudem kann er sich dann besser darauf konzentrieren, seinen Spielern hilfreiche Tipps zu geben.

Natürlich wird sich jeder Trainer dabei eine Organisation aussuchen, die auf die üblichen Eckdaten seines Trainings abgestimmt ist, wie etwa
- die Größe seines Trainingskaders,
- die vorhandene Trainingsfläche,
- einplanbare Trainingsmittel (Bälle, Stangen usw.),
- die vorhandenen (tragbaren) Tore.

Andererseits variieren vor allem in unteren Spielklassen des Juniorenfußballs diese scheinbaren Planungskonstanten noch bis kurz vor Trainingsbeginn:
- Der Traininigskader kann sich kurzfristig durch schulische oder berufliche Verpflichtungen (z. B. Prüfungs-/Klausurvorbereitungen) reduzieren.
- Der normale Trainingsplatz ist plötzlich durch ein umterminiertes Jugendspiel belegt, die Ausweichfläche weitaus kleiner.
- Oder das Stadtsportamt sperrt kurzfristig die Trainingsfläche – wieder muss der Trainer mit viel weniger Raum auskommen.
- Die Situation von zweiten B- oder A-Junioren-Mannschaften variiert darüber hinaus je nach konkreter Planung der parallel trainierenden BI oder AI: Benötigt der Trainerkollege lediglich eine Hälfte oder doch ein Zwei-Drittel-Feld? Ist das tragbare Tore die ganze Zeit blockiert? Wie viele Markierungshütchen, Hürden, Kleintore, Stangen usw. bleiben übrig?

Diese zum Teil unkalkulierbaren Einflüsse machen das *fußballtraining-praxisplaner*-Konzept, das jeweils eine konstante Organisationsform annimmt, jedoch nicht weniger praxisorientiert.
Denn die präsentierten Grundorganisationen sind jeweils auf 'typische' Situationen einzelner Spielklassen ausgerichtet.

Mit Variationen Organisationsprobleme lösen!

Pickt sich ein Trainer den Organisationsvorschlag einer *fußballtraining-praxisplaner*-Broschüre heraus, bewegt er sich normalerweise inmitten seiner Trainingsrealität.
Mit etwas Improvisationsgeschick und Flexibilität fällt es relativ leicht, alle Tipps aus dem Trainingsformen-Katalog der konkreten Situation vor Ort anzupassen. Einige Variationsmöglichkeiten sollte sich der Trainer im Idealfall bereits vorab überlegen, um auf alle Eventualitäten optimal reagieren zu können.

Mit Variationen Training steuern!

Durch Aufgaben-Variationen und organisatorische Anpassungen kann der Trainer jedoch nicht nur auf aktuelle Problemsituationen reagieren, sondern sogar aktiv bestimmte Schwerpunkte hervorheben und Lerneffekte provozieren!
Mit einfachen Variationen lässt sich jede Aufgabe erleichtern oder erschweren. Veränderungen der Spielfeldgrößen bewirken sofort neue technisch-taktische Anforderungen. Weniger oder zusätzliche Spieler stören nicht die ursprünglich geplanten Abläufe, sondern sie werden z.B. als zusätzliche Anspielstationen eingesetzt oder sorgen als Einwechselspieler für eine bessere Belastungsdosierung.

Rechts haben wir einige organisatorisch-methodische Möglichkeiten und Lösungen zusammengefasst!

Info: Tipps für typische Probleme

Weniger Spieler

- Der Trainer ergänzt eine Gruppe als zusätzlicher Aktiver. Achtung: Seine eigentliche Trainer-Funktion darf nicht darunter leiden!
- Bei deutlich weniger als 18 Spielern auf eine Organisation mit 2 statt 3 Teams ausweichen! Dann auf Trainingsformen mit Anspielern (= Funktion der 3. Gruppe) verzichten!
- Eventuell Gastspieler aus der C-/B-Jugend einladen!

Geringe Spielstärke

- Das Feld geringfügig vergrößern: Weniger 'Druck' durch Gegenspieler = größerer Spiel- und Aktionsraum = leichtere technisch-taktische Anforderungen
- Der Trainer spielt bei einigen Spielformen als zusätzliche neutrale Anspielstation mit (= Erleichterung des Zusammenspiels)
- Weitere Erleichterungen der Spiel- und Übungsaufgaben selbst überlegen!

Kein tragbares Tor

- Auf tragbare 5 Meter-Tore ausweichen – falls vorhanden 2 Tore nebeneinander (Torbreite dann 10 Meter) aufstellen!
- Weitere Lösung: ein Stangentor aufbauen – das ist immer besser als ein Hütchentor, da es hinsichtlich der vereinbarten Torhöhe eine Orientierungshilfe bietet!
- Stangentore so platzieren, dass Hindernisse hinter den Toren die Bälle abstoppen!

Nicht alle Spieler müssen immer gleich trainieren!

Eine Trainingsorganisation mit drei Spieler-Gruppen, die die meiste Zeit unverändert bleiben, bietet viele Chancen und Alternativen, in kleinen und lerneffizienten Spiel- und Übungsgruppen zu trainieren!

Mit 3 Gruppen trainieren Sie viel effektiver!

Eine Organisation mit vielen Chancen!

Das Prinzip ist einfach und relativ unkompliziert zu organisieren: Je 2 Gruppen sind in Feld 1 aktiv, die 3. Gruppe parallel in Feld 2.

Für beide Felder lassen sich dabei identische oder auch verschiedene Schwerpunkte und Methoden (z. B. idealer organisatorischer Wechsel von Spielen und Üben!) einplanen!

Diese vielen Alternativen veranschaulicht die Übersicht rechts. Die exemplarischen Praxisvorschläge zu jeder Kombination auf den Seiten 86 bis 93 bieten jedem Trainer eine erste Orientierung, wie viele Chancen zu einem interessanten, vielseitigen und effektiven Training in dieser Organisation stecken!

Die Vorteile dieser Organisation

- Die Lerneffekte beim Training in kleinen Gruppen sind weitaus größer, denn jeder Spieler ist viel häufiger am Ball, hat viele Spielsituationen zu lösen und muss nicht lange bis zur nächsten Aktion warten!

- Durch spezielle Aufgaben lassen sich Stärken der Spieler fördern und eventuelle Schwächen abbauen! Technisch-taktische Abläufe lassen sich besser analysieren, Korrekturhilfen besser anbringen!
- Bei B-und A-Junioren kann mit einer Gruppe ein spezifisches Positionstraining ablaufen, das exakt auf das Anforderungsprofil der jeweiligen Spielposition abgestimmt ist!
- Durch die Aufteilung in kleine Gruppen hat der Trainer viel bessere Möglichkeiten zum direkten persönlichen Kontakt mit jedem Spieler!

Tipps zum Ablauf

- Tipp 1: Stellen Sie sich als Trainer so zwischen beiden Felder auf, dass Sie alle Gruppen jederzeit und leicht überschauen können!
- Tipp 2: Bieten Sie relativ einfache Spielformen an, so dass Sie sich möglichst ungestört auf die Übungsgruppe konzentrieren können!
- Tipp 3: Binden Sie die Spieler aktiv ein!

Info: Aufgabenschwerpunkte bei 3 Gruppen zu je 6 Spielern		
	Gruppe A + B	Gruppe C
1	SPIELFORM (6-gegen-6)	SPIELFORM (4-gegen-2, 3-gegen-3)
2	SPIELFORM (6-gegen-6)	ÜBUNG (technisch taktischer Schwerpunkt)
3	SPIELFORM (6-gegen-6)	ÜBUNG (konditioneller Schwerpunkt)
4	ÜBUNG (z.B. Torschusstraining)	SPIELFORM (4-gegen-2, 3-gegen-3)
5	ÜBUNG (z.B. Torschusstraining)	ÜBUNG (z.B. Schulung der Spannstoß-Technik)
6	SPIELFORM (6-gegen-6-Variationen)	POSITIONSTRAINING (Anleitung Trainer)
7	SPIELFORM (6-gegen-6-Variationen)	POSITIONSGRUPPEN-TRAINING (in Eigenregie)
8	SPIELFORM (6-gegen-6-Variationen)	EINZELTRAINING (in Eigenregie)

Methoden-Kombinationen mit 3 Trainingsgruppen

ORGANISATION 1

Kombination von Spielform und Spielform

Schwerpunkte/Ziele

Gruppen A + B
1. Spielschnelligkeit und -kreativität
2. Nachrücken vor das Tor und Torabschlüsse

Gruppe C
1. Sicheres Passen – Freilaufen und Anbieten

Tipps

- Gruppen A + B:
  1. Viele Ersatzbälle bereitlegen!
  2. Die Anspieler regelmäßig wechseln!
- Gruppe C:
  1. In einer freien Ecke einen weiteren Übungs-
     raum von etwa 12 x 12 Metern markieren

Gruppen A und B

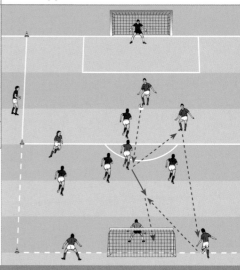

ORGANISATION 2

Kombination von Spielform und Übung

Schwerpunkte/Ziele

Gruppen A + B
1. Spielschnelligkeit und -kreativität
2. Nachrücken vor das Tor und Torabschlüsse

Gruppe C
1. Sicheres Passen – Freilaufen und Anbieten

Tipps

- Gruppen A + B:
  1. Aufgabenwechsel der beiden Gruppen nicht
     vergessen: Wer schießt die meisten Tore?
  2. Kontaktbegrenzungen je nach Spielstärke!
- Gruppe C:
  1. Ein Feld von 15 x 15 Metern markieren!

Gruppen A und B

Gruppe C

4 + 2 gegen 4 + 2

- Freies Spiel 4-gegen-4 auf die beiden Tore mit Torhütern
- Von Gruppe A postieren sich die beiden übrigen Spieler als zusätzliche Anspielstationen links und rechts neben dem Tor des Gegners.
- Von B stellen sich die beiden Anspieler an der Seitenlinie in der Hälfte des Gegners auf!

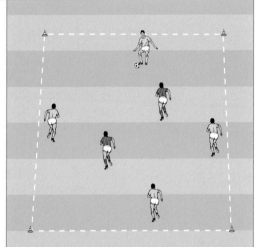

4-gegen-2

- 4 Angreifer gegen 2 Verteidiger in der Mitte
- Aufgabe: Die Angreifer sollen den Ball sichern!
- Spielen die Angreifer den Ball ins Aus oder erobert ein Verteidiger den Ball, so tauscht der Angreifer, der den Ballverlust verursacht hat, mit dem Verteidiger, der am längsten in der Mitte war!

Gruppe C

6-gegen-2 x 3 auf die Tore

- Von B pausieren immer 3 Spieler im Wechsel.
- Die 6 Spieler der Gruppe A sollen sich im 6-gegen-3 möglichst lange am Ball behaupten (max. 2 Ballkontakte!). Erobern die 3 Spieler von B den Ball, kontern sie auf eines der beiden Tore mit Torhütern.
- Nach 2 Minuten rücken die 3 anderen Spieler von B ins Feld!

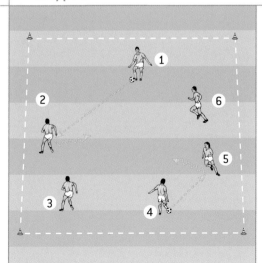

Nummern-Zuspiele

- Die Spieler von 1 bis 6 durchnummerieren.
- Mit 2 Bällen gleichzeitig!
- Aus dem Dribbeln den Mitspieler mit der nächsten Nummer anspielen: 1 zu 2, 2 zu 3 ... 6 zu 1 usw.
- Variation: Mit maximal 2 Kontakten zupassen
- Variation: Jeweils halbhoch zuspielen
- Variation: Variabel flach/halbhoch anspielen

Methoden-Kombinationen mit 3 Trainingsgruppen

Kombination von Spielform und Übung

Schwerpunkte/Ziele

Gruppen A + B
1. Spielschnelligkeit und -kreativität
2. Aktive Balleroberungen

Gruppe C
1. Sicheres Passen – Freilaufen und Anbieten

Tipps

- **Gruppen A + B:**
  1. Den Torhüter bei der Sicherung des Balles in der eigenen Hälfte nicht vergessen!
  2. Aktiv den Spielaufbau des Gegners stören!
- **Gruppe C:**
  1. Laufdistanzen und Aufgaben flexibel anpassen!

Gruppen A und B

Kombination von Übung und Spielform

Schwerpunkte/Ziele

Gruppen A + B
1. Spielschnelligkeit
2. Schnelles Umschalten

Gruppe C
1. Fußballspielen lernen durch Fußball spielen!

Tipps

- **Gruppen A + B:**
  1. Nach der Offensivaktion (= Torschuss) sofort auf das Verteidigen im 2-gegen-2 umschalten!
  2. Konzentrativ nicht nachlassen!
- **Gruppe C:**
  1. Ersatzbälle bereitlegen!

Gruppen A und B

Gruppe C

6-gegen-6: Pressing

- Spiel 6-gegen-6 auf die beiden Tore
- Erobert eine Gruppe in der eigenen Hälfte den Ball oder baut sie nach Abschluss des Gegners von hinten heraus auf, muss sie zunächst 5 Pässe in Folge in der eigenen Hälfte spielen!
- Nach Ballgewinnen in der Angriffshälfte sind sofort Torabschlüsse möglich!

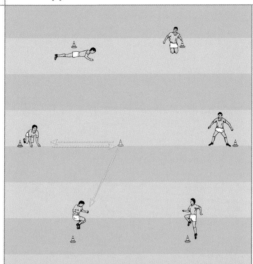

Sternlauf mit Aufgaben

- Rund um einen Startpunkt in einer Distanz von jeweils 50 Metern 6 Stationen aufbauen.
- Auf ein Signal laufen die 6 Spieler jeweils eine Station an, erfüllen die dortige Aufgabe (z.B. Liegestütz, Sprünge) und laufen dann zur Startposition zurück.
- Danach traben sie zur nächsten Station usw.

Gruppe C

Doppelaktionen I

- Die Gruppen neben je einem Tor in Paare mit Ball aufteilen
- Ein Paar der Gruppe A startet die Aktion, indem der Spieler am Ball in den Lauf seines Mitspielers passt, der abschließt (Aktion 1).
- Paar B startet direkt mit dem Torschuss von A im 2 – 2 einen Angriff auf das Tor gegenüber (Aktion 2).

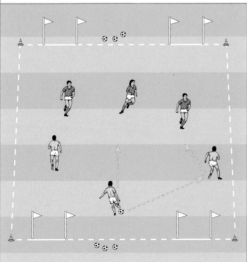

3-gegen-3 auf kleine Tore

- In einer freien Ecke ein weiteres Feld von 15 x 25 Metern abgrenzen
- Auf beiden Grundlinien je 2 kleine Stangentore aufbauen
- Spiel 3-gegen-3 auf die beiden kleinen Tore des Gegners
- Variation: 3-gegen-3 auf je 3 kleine Tore
- Variation: die (etwas breiteren) Torlinien des Gegners überdribbeln

Methoden-Kombinationen mit 3 Trainingsgruppen

ORGANISATION 5

Kombination von Übung und Übung

Schwerpunkte/Ziele	Gruppen A und B

Gruppen A + B
1. Spielschnelligkeit und -kreativität
2. Aktive Balleroberungen

Gruppe C
1. Stabilisierung der Spannstoß-Technik

Tipps

- **Gruppen A + B:**
  1. Nach der Offensivaktion (= Torschuss) sofort auf das Verteidigen im 2-gegen-2 umschalten!
  2. Konzentrativ nicht nachlassen!
- **Gruppe C:**
  1. Ersatzbälle bereitlegen!

ORGANISATION 6

Kombination von Spielform und Positionstraining

Schwerpunkte/Ziele	Gruppen A und B

Gruppen A + B
1. Spielschnelligkeit
2. Schnelles Umschalten

Gruppe C
2. Kopfball-Schulung der zentralen Defensiv-Spieler

Tipps

- **Gruppen A + B:**
  1. Den neuen Ball variabel einspielen!
  2. Das Feld eventuell etwas vergrößern!
- **Gruppe C:**
  1. In dieser Gruppe alle zentralen Defensivspieler zusammenfassen!

Gruppe C

Doppelaktionen II

Die Paare der Gruppe A postieren sich neben Tor 1, die Paare von B gegenüber auf beiden Torlinien!

Ein Paar von B startet jeweils per Diagonalpass: Der angespielte Spieler nimmt sicher an und schießt (Aktion 1).

Paar A startet mit dem Torabschluss von B im 2-gegen-2 einen Angriff auf das Tor 2 (Aktion 2).

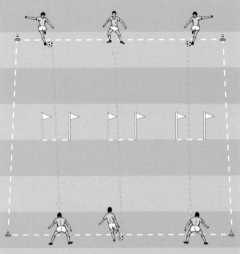

Spannstoß-Übungen

- 3 Paare mit je einem Ball einteilen
- Beide Spieler stellen sich im Abstand von 10 Metern gegenüber auf und haben ein 3 Meter-Tor zwischen sich.
- Mit dem Spann durch das Tor schießen – im Wechsel rechts/links!
- Abstand und Größe der Tore verändern!
- Wer erzielt die meisten Treffer?

Gruppe C

6-gegen-6: Neuer Ball

Spiel 6-gegen-6 auf die beiden Tore

Auf engstem Spielraum variabel kombinieren und Tore erzielen!

Bei einem Seiten- oder Toraus wirft der Trainer sofort einen neuen Ball ins Feld!

Die Gruppe, die dieses Trainer-Zuspiel erläuft, setzt das Spiel direkt mit einem Angriff fort!

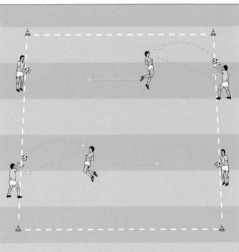

Kopfballtraining

- Diese Gruppe in 2 x 3 Spieler unterteilen!
- Aufgabe 1: Die Spieler außen werfen wechselweise zum Mittelspieler, der genau zurückköpft.
- Aufgabe 2: Variabel unterschiedlich hoch/ seitlich zuwerfen!
- Aufgabe 3: Nur A wirft B variabel zum Kopfball zu, C stellt sich seitlich vor B und stört beim Kopfball!

Methoden-Kombinationen mit 3 Trainingsgruppen

Kombination von Spielform und Positionsgruppen-Training

Schwerpunkte/Ziele	Gruppe A und B
Gruppen A + B 1. Spielübersicht 2. Sicheres Kombinieren **Gruppe C** 1. Angriffstraining der Offensiv-Spieler	

Tipps

- Gruppen A + B:
  1. Regelmäßig die Aufgaben wechseln!
  2. Das Feld eventuell etwas vergrößern!
- Gruppe C:
  1. In dieser Gruppe Spieler aller Angriffspositionen zusammenfassen!

Kombination von Spielform und Einzeltraining

Schwerpunkte/Ziele	Gruppen A und B
Gruppen A + B 1. Spielübersicht 2. Sicheres Kombinieren **Gruppe C** 1. Eigeninitiative – Kreativität am Ball	

Tipps

- Gruppen A + B:
  1. Regelmäßig die Aufgaben wechseln!
  2. Das Feld eventuell etwas vergrößern!
- Gruppe C:
  1. In dieser Gruppe Spieler aller Angriffspositionen zusammenfassen!

Gruppe C

-gegen-3: Zuspiel-Folge

Von Gruppe A haben jeweils 3 Spieler Pause!
Von B haben je 3 eine identische Trikotfarbe!
Spiel 6-gegen-3 auf die beiden Tore!
Die 6er-Gruppe B muss dabei mit maximal 3 Kontakten zusammenspielen!
Weitere Zusatzregel für B: immer nur einem Mitspieler mit der anderen Trikotfarbe zupassen!

Angriffstraining

* Die Spieler auf Angriffspositionen verteilen
* Aufgabe 1: Der zentrale Anspieler passt zu einer Spitze, die direkt nach außen weiterleitet. Der Außenspieler dribbelt und flankt vor das Tor. Die beiden Angreifer verwerten die Flanke!
* Aufgabe 2: Die Spitze lässt zum Anspieler zurückprallen, der nach außen weiterleitet usw.

Gruppe C

gegen-5: neue Spielziele

Je 1 Spieler hat Pause (ein-/auswechseln)!
Rechts und links vom großen Tor jeweils 2 kleine Tore aufbauen!
Der Trainer bestimmt durch Zuruf („A", „B", „C"), auf welche Tore die Teams angreifen dürfen.
„A": nur auf das große Tor
„B": nur auf die beiden kleinen Tore
„C": auf alle 3 Tore!

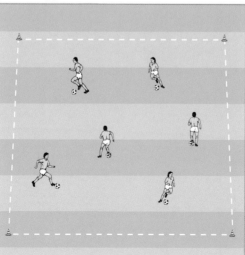

Kreatives Eigentraining

* Übungsraum von 20 x 20 Metern markieren – jeder Spieler mit Ball.
* Aufgabe: kreative und freie Einzelaufgaben mit Ball (z. B. Jonglier-Varianten, Tricks).
* Variation I: im Feld zusätzlich einige Slaloms aufbauen
* Variation II: jeweils ein Spieler bestimmt für die anderen 2 interessante Aufgaben mit Ball

Kompakte Print-Online-Informationen für Trainer

Das Buch:

Die Website:

Mit einer neuartigen Print-Online-Verbindung werden alle Leser noch umfassender, aktueller, anschaulicher – kurz besser – mit Praxisinformationen für das tägliche Training versorgt! Jeder bekommt auf schnellstem Wege genau die Tipps, die er für seine Spiel- und Altersklasse benötigt!

Mit Buch und Web optimal informiert

Jedes Medium hat spezielle Vorteile!

Sicherlich kennen Sie das große Spektrum an Fachmedien, mit dem der DFB seine vielen Trainer in unterschiedlichsten Spiel- und Altersklassen mit Praxistipps versorgt. Das sind u.a.:

- Die etablierte Fachzeitschrift *fußballtraining*, die seit 1983 Monat für Monat saisonbegleitende Informationen rund um Training, Spiel, Vereins- und Mannschaftsumfeld anbietet.
- Der Internet-Auftritt *fussballtraining.com* mit topaktuellen Informationen für alle und einem exklusiven Zusatz-Service (z. B. Praxisbeiträge, Checklisten, Planungsvordrucke als PDF-Downloads, Foto-Archiv) für Abonnenten.
- Und nicht zuletzt die neuen *fußballtraining-praxisplaner*-Broschüren, die ein hilfreiches Planungsinstrument für jeden Trainer sind!

Jedes Medium hat dabei ganz spezielle Vorteile. Die Fachzeitschrift bietet regelmäßig die Chance, einen speziellen Schwerpunkt von allen (Experten-)Seiten aus zu beleuchten. Das Internet ist an Aktualität, Multifunktionalität und Interaktivität nicht zu übertreffen. Die Broschüre schließlich bietet in handlichem Format genau die richtige Dosis an übersichtlichen Praxistipps für eine zeitsparende, aber dennoch systematische Trainingsvorbereitung.

Die Idee: Die Vorteile aller Medien zu einem optimalen Service bündeln!

Jedes Einzelmedium bringt Trainer weiter. Nichtsdestotrotz feiert mit dem neuen *fußballtraining-praxisplaner* gleichzeitig ein innovatives, bisher im Fußball einzigartiges Medienkonzept Premiere, das den Informationsservice nochmals steigert!

Das alles finden Sie auf der Website

Weitere Trainingstipps
In Ergänzung zur Broschüre finden Leser weitere praktikable, motivierende und für die Zielgruppe passende Trainingsformen und Trainingseinheiten

Vertieftes Praxiswissen
Animierte Grafiken und Foto-Shows zur besseren Veranschaulichung von Prinzipien des Trainings, 1x1 des Fußballs, taktischen Kniffen...

Checklisten und Planungsvordrucke
Hilfs- und Arbeitsmittel zum schnellen Eintragen und Archivieren eigener Ideen und Planungen erleichtern die Trainingsvorbereitung!

Die Idee: Durch eine aufeinander abgestimmte Verbindung Broschüre – Internet – Zeitschrift – bekommen die Trainer ein Optimum an multimedialen Informationen. Konkret umfasst dieses Konzept drei verschiedene Medien-Bausteine.

fußballtraining-praxisplaner-Broschüre
Die jeweilige *fußballtraining-praxisplaner*-Broschüre als Trainingsplanungs-Instrument für eine spezielle Zielgruppe ist das Kernmedium, um das sich die Zusatzinformationen in Internet und in der Trainer-Zeitschrift gruppieren!

Internet-Anbindung
Zu jeder Broschüre finden die Leser auf der Plattform von *fussballtraining.com* in einer Extra-Rubrik weitere Informationen.
Der größte Teil dieses Zusatz-Service ist dabei exklusiv für Sie, liebe Broschüren-Leser, reserviert! Denn nur mit dem Code, den Sie auf Seite 1 finden,

haben Sie direkten Zugriff auf diesen speziellen Online-Sektor.
Versorgen Sie sich also auf diesem exklusiven Info-Portal im Internet mit weiteren Trainingshilfen – und vor allem: Diskutieren, kritisieren, erweitern und optimieren Sie aktiv unsere Trainingstipps.
Konkret finden Sie auf dem Internet-Portal u. a.:
* einen erweiterten Trainingsformen-Katalog
* weitere Muster-Trainingseinheiten
* ein Grafik-Programm zur schnellen, einfachen Präsentation eigener Praxisideen (in Planung)
* Planungsvordrucke (als PDF-Downloads)
* 3-D-Animationen/Video-Sequenzen (in Planung)

fußballtraining-praxisplaner-Begleitartikel in der Trainerzeitschrift
Eine regelmäßige Artikel-Serie in *fußballtraining* liefert weitere Detailinformationen zu speziellen Schwerpunkten der Broschüren in grafisch und mediendidaktisch hervorstechender Aufmachung!

Prüfen und verändern Sie kreativ unsere Praxisideen und -vorschläge!

Jede *fußballtraining-praxisplaner*-Broschüre ist auf Ziele, Inhaltsbausteine und nicht zuletzt typische Trainingssituationen einer bestimmten Spiel- und Altersklasse ausgerichtet.

Pickt sich ein Trainer die Praxisvorschläge einer *fußballtraining-praxisplaner*-Broschüre heraus, so bewegt er sich nahe seiner Trainingsrealität. Die direkte Anwendung in der Praxis ist das wichtigste Qualitätskriterium!

Darüber hinaus bietet (fast) jede Broschüre – auch wenn sie nicht unmittelbar das Anwendungsfeld eines Trainers abdeckt – interessante Praxisideen, Organisationsvorschläge und Tipps, die mit etwas Flexibilität und Improvisationsgeschick leicht zu übertragen sind!

IMPRESSUM

Medienkonzept:	Norbert Vieth
Redaktion/Autor:	Norbert Vieth
Verlag:	Philippka-Sportverlag Postfach 15 01 05, D-48061 Münster, Rektoratsweg 36, D-48159 Münster Telefon (02 51) 2 30 05-0, Fax: 2 30 05-99 E-Mail: info@philippka.de Internet: www.philippka.de
Verlagsleitung:	Dietrich Späte
Grafisches Konzept:	Thorsten Krybus
Gestaltung:	Katrin Worm
Fotos:	Axel Heimken
Druck:	Graphische Betriebe E. Holterdorf, 59302 Oelde

Weitere Bände

96 Seiten gebunden, durchgängig farbig, € 14,80

fußballtraining-praxisplaner,
Broschüre 2: Unterer Amateurbereich
Trainer unterer Amateurklassen müssen vor allem ein Training anbieten, bei dem die Vereinsfußballer mit viel Spaß Fußball spielen können, sich dabei fußballerisch verbessern und nebenbei noch etwas für die Fitness tun.

96 Seiten gebunden, durchgängig farbig, € 14,80

fußballtraining-praxisplaner,
Broschüre 3: Mittlerer Amateurbereich
Basis für Spieler und Trainer ist eine positive Einstellung zu leistungsorientiertem Training und Spiel. Das schließt eine systematische Trainingsarbeit ein, die Spieler und Team fußballerisch voranbringt. Gleichzeitig muss jedes Training Spaß machen!